윤석열 시대
파워엘리트

새 정부 새 시대를 이끌 150명 인물들에 대한 완벽 분석

윤석열시대 파워엘리트

매일경제 · MBN 정치부 지음

매일경제신문사

들어가며…

윤석열 제20대 대통령 당선인은 여러 가지 면에서 독보적입니다. 검찰 출신 사상 첫 대통령이기도 하고, 제1야당인 국민의힘에 입당한 지 3개월 만에 대선후보로 지명되고, 그 후 4개월 만에 대선에서 승리했습니다. 정치권 입문 1년도 안 돼 국민으로부터 대통령 자격을 부여받은 것입니다. 더구나 불과 1년 전에는 상대 진영인 문재인정부가 임명한 검찰총장이었다는 점에서 더욱 이례적입니다.

윤 대통령 당선인이 취임 이후 해결해야 할 과제가 만만치 않습니다. 거대 야당과 함께 국정을 원활히 운영하기 위해서는 협치의 묘가 그 어느 때보다 필요할 것입니다. 또 대선을 치르면서 양극단으로 나뉜 국민의 마음을 하나로 아울러야 하는 숙제도 안고 있습니다. 대선 결과에서 보듯이 첨예한 이념 갈등과 지역주의 그리고 세대 간 갈등은 여전히 우리 사회에 걸림돌로 남아 있고, 여기에 더해 젠더갈등도 넘어서야 하는 상황입니다. 더구나 오랫동안 지속된 코로나19 여파로 피폐해진 국민의 건강과 경제 문제를 당장 보살펴야 합니다. 일자리 부족과 집값 폭등으로 미래에 대한 기대가 엷어지고 있는 청년 세대에게 희망을 심어주는 일도 시급합니다. 안보 패권을 둘러싼 미·중 갈등, 러시아의 우크라이나 침공, 북한의 잇따른 미사일 도발, 역대 최악의 상황을 맞은 한·일 관계 등 대외적으로 해결해야 할 문제도 적지 않습니다.

이 많은 문제와 과제들을 대통령 혼자서 돌파할 수는 없습니다. 선거를 함께 치르며 뜻을 공유한 사람들은 물론 각계각층의 전문가들을 출신과 성향에 관계없이 과감히 등용해야 합니다. 탕평을 통한 인재 발탁, 신뢰에 기반한 권한 이양 없이는 윤 당선인 개인은 물론이고 대한민국의 미래 또한 순탄치 않을 수 있습니다. 윤 당선인 못지않게 새 청와대, 새 정부에서 활약할 파워엘리트 분석이 그 어느 때보다 중요한 이유입니다.

이 같은 인식에 기반해 매일경제가 윤석열 시대 파워엘리트를 발간합니다. 윤석열 시대 파워엘리트는 윤석열 당선인의 삶과 선거 과정에서 내놓았던 국민과의 약속을 소개하고, 앞으로 윤 당선인에게 많은 도움을 줄 인사들을 추렸습니다. 윤 당선인은 문재인정부에서 검찰총장을 지냈던 만큼 여야 이념 지형을 넘어서는 인적 네트워크를 보유하고 있고, '사람을 좋아하는' 평소 성품에 따라 검찰 내 인맥도 매우 두껍습니다. 이 같은 상황을 감안하여 선거과정에서 함께했던 국회의원과 정치권 인사들, 그리고 향후 청와대와 내각에서 활약할 가능성이 높은 교수·전문가 그룹, 그리고 윤 당선인의 인생에 많은 영향을 끼쳐 온 서울대 법대와 검찰 인맥들로 나누어 분석했습니다.

매일경제는 1998년 국내 언론 최초로 대통령 당선인 인맥을 분석한 DJ 시대 파워엘리트를 펴낸 바 있습니다. 이어 노무현 시대 파워엘리트와 이명박 시대 파워엘리트도 가장 먼저 펴내 새 정부의 인맥 지침서로 자리매김했습니다.

윤석열 시대 파워엘리트에 윤 당선인의 오랜 인맥과 평소 철학을 반영해 새 정부에서 요직을 맡을 인물들을 최대한 망라하기 위해 노력했습니다만, 일부 인사들은 윤 당선인과 막역한 친분을 유지하고 있고, 선거 과정에서 막중한 역할을 했음에도 불구하고 특유의 겸손함과 조용한 보좌를 원한다는 이유로 취재를 거절하는 바람에 책에 충분히 싣지 못한 경우도 없지 않습니다. 책에 포함돼야 할 훨씬 더 많은 인사들이 있음에도 불구하고 여러 가지 제약 때문에 충분히 반영하지 못한 것은 못내 아쉬움으로 남습니다. 독자 여러분의 양해를 부탁드립니다. 향후 새로운 정보는 매일경제신문과 MBN 보도를 통해 보완해 나가겠습니다.

　이번 책은 매경미디어그룹 내 매일경제신문과 MBN의 합작품입니다. 정치부 기자들이 주요 인사들을 취재했으며, 윤 당선인의 검찰 인맥은 사회부에서 도움을 주셨습니다. 당선인의 사진은 사진부가 협조해 주셨고, 교열은 교열부에서 마다않고 도와주셨습니다. 책 디자인과 편집은 주간국에서 기꺼이 맡아 주셨습니다. 새 대통령이 탄생할 때마다 매일경제의 파워엘리트를 사랑해 주신 독자 여러분의 많은 관심을 부탁드립니다.

매일경제신문·MBN
정치부 일동

목차

2부 윤석열의 약속

3부 윤석열 시대 파워엘리트

01

대통령 윤석열

제20대 대통령으로 당선된 윤석열 전 검찰총장. 그는 서울대 법대 출신으로 26년간을 법조인으로 살아왔다. 정치 참여를 선언한 건 2021년 6월 29일. 대통령 당선까지의 일정은 고작 8개월 남짓. 과거 고건 전 국무총리, 반기문 전 유엔 사무총장 등 관료 출신 대망론이 허탈하게 끝났던 전철을 밟을지 모른다는 시선도 있었지만, 윤 대통령 당선인은 우려를 딛고 검사에서 대통령으로 직행한 첫 사례가 됐다. 인사 좌천 등 불이익을 받으면서도 당대 정권과 대기업 비리 수사 일선에 나섰고, 정치 선언 이후엔 "국민이 불러서 나왔다" "오로지 국민만 보고 뚜벅뚜벅 가겠다"고 강조했다.

유복했지만
신념이 뚜렷했던 성장기

윤석열 대통령 당선인은 1960년 서울 서대문구 연희동에서 1남 1녀 중 첫째로 태어났다. 부친 윤기중 씨는 연세대 응용통계학과 교수로 현재는 정년퇴직 후 명예교수다. 모친 최성자 씨도 결혼 전에는 이화여자대 강단에 섰다고 한다.

서울에서 나고 자란 윤 당선인에게 양친의 고향인 충남 논산·공주와 강원도 강릉은 남다른 의미가 있다. 윤 당선인은 충남에 터를 잡은 파평 윤씨 소정공파 35대손으로, '충청'의 피를 물려

1976학년도 충암고 수험표.

받았다는 점을 강조해왔다. 강릉에는 외가가 있다. 이 지역에서 11·12대 국회의원을 지낸 고(故) 이봉모 전 의원이 윤 당선인 외할머니의 남동생이다.

서울 대광초, 충암중, 충암고를 거쳐 서울대 법대를 나왔다. 원래는 심리학과에 진학해 사회현상을 연구하는 심리학자가 되려고 했었으나 정의를 실현하기에는 법조인이 되는 게 가장 쉽고 안전할 것이라는 부친의 조언을 듣고 법과대학에 진학했다. 현직 고위직 법조인 중에서는 김선수 대

1. 어린 시절의 윤석열 당선인.
2. 초등학교 시절 어머니, 여동생과 함께한 윤석열 당선인.
3. 어린 시절 윤석열 당선인(왼쪽)과 여동생.
4. 초등학교 친구들과 함께. 왼쪽 셋째가 윤석열 당선인.

법관, 이종석 헌법재판관 등이 79학번 동기다.

5·18민주화운동이 일어나기 직전인 1980년 5월 8일, 교내에서 진행된 모의재판에서 판사로서 신현확 국무총리에게 사형, 전두환 보안사령관에게 무기징역을 선고했다. 당시에는 동아일보 선배들로부터 12·12군사반란 소식을 듣긴 했으나 보도 통제로 정확한 정보를 얻기가 힘든 시대였고, 훗날 잘못된 정보로 인해 쿠데타 수괴로 오인했다며 신현확에게 미안하다는 의사

1. 서울대 법대 졸업사진.
2. 서울대 법대 재학 시절의 윤석열 당선인.
3. 사법고시에 합격하고 사법연수원 입소 직
   전의 윤석열 당선인.

를 밝히기도 했다. 이후 이 모의재판 이야기가 교내·외로 퍼지면서 보안사령부에서 근무하는 먼 친척이 집에 전화를 걸어 피신시키라고 얘기를 했고, 석 달간 강릉에 있는 외가 친척집으로 피신한 뒤 돌아온 적이 있다.

양쪽 눈의 시력 차가 큰 부동시로 군대는 면제됐다.

사법시험에 최종 합격하기까지 9수를 했다. 대학 4학년에 이미 사법시험 1차에 합격했지만 2차 시험을 넘어 검사가 될 때까지 8전9기였다. 지인들의 대소사를 빠지지 않고 챙길 정도로 마당발인 성격 탓이라는 게 주변의 평가다. 1991년 마지막 시험 땐 시험일을 사흘 앞두고 고등학교 동기의 결혼식 함진아비 부탁에 대구로 내려갔는데, 막히는 고속버스 안에서 무심코 공부한 내용이 마침 출제돼 합격할 수 있었다는 일화를 직접 밝힌 바 있다. 결국 35세의 나이에 초임 검사가 됐다. 사법연수원 23기 동기로 박범계 법무부 장관, 이성윤 서울고검장, 조윤선 전 문화체육관광부 장관 등이 있다.

사람을 좋아하는
강골 검사 윤석열

윤석열 대통령 당선인은 2021년 3월까지 검찰총장으로 재직하다 대권 도전으로 직행했다. 그의 이력은 검찰이거의 유일하다. 검찰의 상명하복 문화를 상징하는 검사동일체 원칙과 막강한 권한은 때론 이 조직을 사나운 조폭처럼, 무소불위 괴물처럼 보이게 한다. 그러면서도 법을 무기로 살아 있는 권력에 맞서고 부패 척결에 애쓰는 유능한 검사를 사람들은 기대한다.

검사였던 윤 당선인을 바라보는 시선도 이 지점에서 양가적이다. 본인 스스로도 "검찰을 대단히 사랑한다"(2013년 국회 국정감사)고 말했을 정도로 조직에 대한 애착이 컸는데, 한편으론 자신이 옳다고 믿은 수사 과정에서 윗선지시에 불복하고 기수 문화를 깨부순장본인이었다.

대통령에 취임한 후 그의 국정 운영에 검찰 문화는 어떻게 녹아들까. 해방 이후 우리나라는 물론이고 1789년 이후 46명의 대통령을 배출한 미국도 검사 출신은 한 명도 없다. 검사 출신의 국가 리더십을 엿볼 수 있는 첫 시험대는 윤 당선인이 주도하는 대통령직인수위원회다. 일각에선 그의 인선 스타일에서 조직과 자기 사람을 중시하는 검찰 분위기가 벌써부터 묻어난다고 평가한다.

윤 당선인의 '강골 검사' 기질은 철저한 상명하복과 치열한 승진 경쟁을 특징으로 하는 검찰 안에서도 자기 나름의 소신을 관철시키는 과정에서 만들어졌다. 2013년 당시 박근혜 정권을 겨눴던 서울중앙지검의 국정원 댓글 수사가 대표적이다. 수사팀 장이었던 그는 그해 10월 국회 국정 감사장에서 윗선으로부터 수사 무마 외압이 있었다고 폭로했고 이후 좌천됐다. "사람에게 충성하지 않는다"고 한 말은 조직 차원에서는 하극상이었지만 수사 일선에서는 부당한 지시에 대한 항명이었다. 매일경제 공약검증단의 김한규 변호사는 "수사팀을 이끄는 리더로서 같이 일하는 검사와 수사관들을 믿어줬고 그에 따른 책임도 본인이 졌다"며 "부정적인 상명하복 문화의 폐단과는 거리가 먼 면모"라고 평가했다.

검찰에서도 복종만이 절대 진리는 아니다. 검찰 출신의 한 법조계 원로는 "납득시키는 것도 검사의 자질"이라고 했다. 자신의 이름을 달고 담당 사건을 처리하는 만큼 부장·차장 검사와 처리 방향이 엇갈린다면 그들을 설득해야 하고, 법정에선 판사에게 피고인의 유죄를 납득시켜야 하기 때문이다. 선배 검사가 되면 유연해질 필요도 있다. 후배의 판단이 일리가 있다면 듣고 받아들일 줄 아는 게 그 조직에서의 미덕이라는 것이다.

윤 당선인도 그런 점에서 '뒤끝 없는 원칙주의자'로 평가된다. 수사 과정에서 자신의 방향을 설득시킬 줄 알았고, 하급자의 잘못은 가차 없이 지적하되 따로 마음을 써 달래주기도 했다고 한다. 경선 캠프에서 일했던 한 인사는 "의사결정 과정에서 광범위하게 의견 수렴을 하곤 했다"며 "실무자가 근거와 논리를 갖고 얘기하면 잘 수긍했다"고 전했다.

윤 당선인은 다만 대기업이나 공직 사회의 부패를 상대로 '그림'을 그려가는 특별수사 스타일상 무리한 수사로 지적받은 경우도 있었다. 이 밖에 기소와 불기소, 무죄와 유죄 등 이분법으로 판단을 내리는 사고방식이나 자칫 네 편 내 편을 가르는 진영 논리로 나타날 수 있다는 우려도 있다.

사람을 철저히 평가하고 검증하는 것도 검찰 조직의 특성이다. 검찰 인사 때마다 '○○○사단' '○○○라인'이 부각되는 것도 일찍부터 업무 영역이 나뉘고 승진 길이 정해지기 때문이기도 하다. 거기다 윤 당선인은 사람을 좋아하고 잘 챙기는 성향으로 유명하다. 험

한 특수부에서 동고동락한 검찰 선후배를 각별히 챙겼다. 이 때문에 서울중앙지검장, 검찰총장에 취임했을 땐 검찰 요직에 '윤석열 사단'이 대거 배치됐다는 비판도 나왔다. 인연들은 간혹 약점이 되기도 한다. 박영수 특검은 대장동 게이트의 화천대유 고문으로 연루돼 있고, 윤대진 검사장의 친형 윤우진 전 용산세무서장 관련 뇌물 수수 사건에 윤 당선인이 개입했다는 의혹이 제기된 적이 있다.

경선 캠프에선 보직을 가진 사람만 300명에 달할 정도로 많은 사람이 참여했고 그만큼 많은 도움을 받았다. 윤 당선인의 최측근으로는 검사 출신 4선 권성동 의원이나 장제원·윤한홍 의원, 검사 출신 주진우 변호사 등이 주축인 '서초동 법률팀' 등이 꼽힌다. 선대위 인선 과정에서도 '매머드급' 구상으로 사람들을 끌어안고 가려는 모습이 두드러졌는데 이 역시 '의리'를 중시하는 면모라는 평이 나온다. 윤 당선인은 늘 "셀 수 없이 많은 분이 선거를 도와주고 참여했다"고 강조했다.

의리와 인연을 중시하는 성향이 정치에선 독이 되지 않을지 우려하는 시선도 있다. 김종인 전 국민의힘 비상대책위원장은 윤 당선인에게 "사람에게 너무 집착하면 성공을 못 한다"고 공개 조언하기도 했다.

권력 수사에
진심이었던 윤석열

윤석열 대통령 당선인은 1994년 사법연수원을 수료한 후 대구지방검찰청에서 검사 생활을 시작했다. 그 후 1996년에 춘천지방검찰청 강릉지청, 1997~1998년에 수원지방검찰청 성남지청에서 일하다가 1999년 김대중정부 시절에 서울중앙지방검찰청으로 옮겼다. 1999년 김대중정부에서 경찰 실세로 꼽혔던 박희원 치안감을 소환해서 뇌물수수 혐의로 수사했다. 소환한 지단 하루 만에 자백을 받아냈다. 얼마나 철두철미하게 증거를 수집하고 심문을 했는지, 박희원 치안감은 영장실질심사 등을 모두 포기했다고 한다.
2002년에 사표를 내고 법무법인 태평양의 변호사로 1년간 재직했다가 적성

에 안 맞아 결국 경력직 채용 형식으로 검찰에 복직했다. 복직한 이후로 굵직한 비리 사건을 수사하며 자타공인 특수통으로 자리매김했다. 특히 각 정권을 겨냥한 수사에 참여했다. 2003년 당시 노무현 대통령에 대한 대선자금 수사 때는 핵심 측근으로 꼽혔던 안희정 전 충남지사, 고 강금원 창신섬유 회장을 구속 수사했다. 2006년에는 대검찰청 중앙수사부 검찰연구관으로 재직하면서 현대자동차 비자금 사건을 맡았다. 당시 정상명 검찰총장에게 면담을 신청하고, 수사 결과 정몽구 회장을 구속해야 한다면서 동시에 사직서를 내밀었다. 이에 정상명 검찰총장은 고심 끝에 정몽구 회장을 구속수사하기

국정원 대선 개입 사건의 특별수사팀장이었던 윤석열 당시 여주지청장이 2013년 10월 국회 법제사법위원회 국정감사에서 위원들의 질의에 답하고 있다.

로 결정했다.

2008년 당시 이명박 대통령 당선인을 겨눈 'BBK 주가 조작 사건' 정호영 특검팀에도 파견검사로 참여했다. 당시 윤 당선인은 BBK 투자자문에 50억원을 투자했다가 이명박·김경준을 상대로 민형사상 절차를 밟은 (주)심텍과 관련해 "이명박은 (주)심텍의 BBK 투자자문 50억원 투자에 큰 역할을 하지 않았다"는 취지로 언론에 발언한 적이 있다. "(주)심텍이 50억원을 투자한 주

된 이유는 씨티은행 지배인을 통해 소개받은 김경준으로부터 프레젠테이션을 받은 것이었고, 이 당선인에게는 '어떠냐'고 물어서, 이 당선인이 '괜찮다'고 말해준 것"이라고 설명하는 등. 하지만 당시 최재천 대통합민주신당 의원이 윤 당선인의 언론 해명이 있기 2개월 전인 2007년 12월 13일에 공개한 '전영호 세일신용정보 회장이 김백준에게 보낸 편지'에 따르면, 전영호는 김백준에게 "이명박을 믿고 BBK 투자

2016년 겨울 윤석열 당시 특검 수사팀장이 서울 강남구 특검 사무실에서 점심 식사를 하기 위해 동료들과 함께 나가고 있다.

자문에 50억원을 투자했다"는 취지의 항의를 한 것으로 알려졌다. BBK 특검 종료 후에는 대전지방검찰청 논산지청장이 됐다.

2009년에는 대구지방검찰청 특별수사부(특수부) 부장검사로 부임하였다. 그 후 대검찰청으로 복귀하여 범죄정보2담당관을 맡았고, 2010년에는 대검찰청 중수2과장, 2011년에는 대검찰청 중수1과장 등 요직을 두루 거쳤다. 특히 2011년 저축은행 비리 수사

에서는 이명박 전 대통령의 친형 이상득 전 의원이 구속기소됐다.

2012년에는 노무현 전 대통령의 딸 정연 씨가 불법 송금 혐의(외환관리법 위반)로 기소됐다. 윤 당선인은 서울중앙지검 특수부 부장검사 자리에 올랐다. 부인 김건희 여사와 결혼한 게 이즈음이다.

윤 당선인은 2013년 박근혜정부 출범 직후 국가정보원 댓글 사건 특별수사팀장을 맡으면서 정권과 갈등을 겪었

최순실 게이트 수사에 착수하는 특검팀이 현판식을 하고 있다. (왼쪽부터) 윤석열 수사팀장, 양재식 특검보, 박충근 특검보, 박영수 특검, 이용복 특검보, 이규철 특검보.

다. 살아 있는 권력에 맞서는 소신 검사로 대중에 각인된 것도 이때다.

2013년 4월 18일, 윤 당선인은 수원지방검찰청 여주지청장이 됐다. 동시에 국가정보원 여론조작 사건 특별수사팀장으로 임명되었다. 수사팀은 그해 6월 원세훈 전 국정원장을 정치 관여 혐의(국정원법·공직선거법 위반)로 불구속기소했다. 수사 과정에서 국가정보원을 압수수색하는 등 박근혜 정권의 정통성을 흔드는 수준으로 적극적인 수사를 했다. 하지만 9월 당시 채동욱 검찰총장이 혼외자 의혹으로 사퇴했고 윤 당선인은 국정원 직원들의 압수수색·체포 영장 청구 사실을 상부에 보고하지 않았다는 이유로 수사팀에서 배제됐다.

그해 10월 국회 국정감사에 출석한 윤

당선인은 국정원 여론 조작 사건 관련 국정감사 증인으로 나와 황교안 당시 법무부 장관이 부당한 수사 지휘권을 행사하고 있다고 주장했다. 그는 "수사 과정에서 외압이 심했다"며 "상관으로부터 '야당 도와줄 일 있느냐'는 질책을 받았다. 이래선 조영곤 서울중앙지검장 밑에서 수사를 계속할 수 없다"고 발언했다. 당시 새누리당 측 위원인 정갑윤 의원이 "조직을 사랑하느냐, 사람에게 충성하는 것 아니냐"고 묻자, "저는 사람에게 충성하지 않기 때문에 오늘 이런 말씀을 드린 것이다"는 말을 남겼다. 이는 상명하복이 철저한 검찰 조직 내에서 '항명파동'으로 이어져 정직 1개월 징계를 받았고, 대형 수사와는 거리가 먼 대구고검·대전고검으로 좌천됐다.

그를 다시 일선에 복귀시킨 건 2016년 '최순실 국정농단' 사건이었다. 당시 특검으로 임명된 박영수 전 고검장이 윤 당선인을 수사팀장으로 불러들였다. 두 사람은 2006년 대검 중수부의 현대자동차그룹 비자금 사건 수사 때 부장검사와 수사검사로 함께 있었다. 윤 당선인은 특검팀에서 이재용 삼성전자 부회장의 뇌물공여 혐의 등 수사를 주도했다.

검찰총장에서
대통령 출마까지

박근혜 전 대통령이 탄핵된 직후 2017년 5월 출범한 문재인 정권은 윤 당선인을 제59대 서울중앙지검장으로 파격 발탁했다. 종전까지 서울중앙지검장은 직급상 고검장급이었는데, 윤 당선인에게 맞춰 직급을 검사장급으로 한 단계 낮췄다. 그의 재임 기간 서울중앙지검은 이명박 전 대통령을 다스 소송비 대납 혐의 등으로 구속기소하는 등 정권 초기 '적폐 청산' 수사를 이끌었다.

2019년 6월 17일 박상기 법무부 장관의 제청을 받아 문재인 대통령이 윤 당선인을 검찰총장 후보자로 지명했다. 통상 기수 순서대로 인사가 이뤄지는 검찰 조직에서 전임 문무일 총장보다 무려 다섯 기수를 건너뛰었다. 1988년 총장 임기제 도입 이래 고검장을 거치지 않은 최초의 총장이다.

당시 더불어민주당은 "정치적 중립성과 공정성을 담보로 적폐 청산과 검찰 개혁을 완수해 검찰이 국민 신뢰를 회복하기를 기대한다"고 환영의 의사를 밝혔고, 민주평화당·정의당 또한 각각 "강단이 충분히 되기 때문에 정권에 의해 쉽게 좌지우지될 수 있는 사람이 아니다" "'정치 검찰'의 오명을 씻고 검찰을 개혁하는 데 부합하는 인사"라고 호평했다. 반면 당시 자유한국당은 "(검찰 내부에) 이 정권에 불만 있으면 옷 벗고 나가라는 선언", 바른미래당은

문재인 대통령(왼쪽)이 윤석열 검찰총장과 임명장 수여식을 위해 나란히 걸어가고 있다.

"자칫 검찰이 청와대 입김에 더 크게 흔들리는 '코드 검찰'이 되는 것 아니냐는 우려가 든다"고 비판했다. 이 같은 장면을 돌이켜보면 역사의 아이러니가 아닐 수 없다.

검찰총장 인사청문회에서 반전이 감지됐다. 법제사법위원회에 제출한 서면 질의 답변서에서 윤 당선인은 북한이 주적이라고 답했으며, 통합진보당 내란 음모 사건에 대한 대법원의 유죄 판결과 헌법재판소의 통진당 해산 판결에 대해서도 존중한다고 밝혔다. 우병우 박근혜 전 청와대 민정수석에 대해서는 "검사로서 유능하고 책임감이 강한 검사"라고 답변했다. 민주당이 추진하던 고위공직자범죄수사처와 검경 수사권 조정 등에 대해서도 신중한 입장을 내놓았다. 두 법안에 대해 "최종 결정은 국민과 국회의 권한이며 공직자로서 국회의 결정을 존중할 것"이라면서도, 공수처에 대해서는 "제도 개편을 통하여 국가 전체적으로 부정부패 대응 능력의 총량이 지금보다 약화되어서는 안 된다"고 했다. 수사권 조정에 대해서는 "형사사법 시스템은 국민 권익과 직결돼 한 치의 시행착오도 있어서는 안 된다"고 답했다.

청문회 이후 자유한국당과 바른미래당은 채택 거부, 정의당은 유보, 민주당과 민주평화당은 적격 의견을 냈다. 청문보고서 채택이 거부됐지만 문재인 대통령은 2019년 7월 16일, 예상대로 검찰총장 후보자 임명안을 재가했다.

윤 당선인은 검찰총장 취임 약 한 달 만에 당시 조국 법무부 장관 후보자에 대한 수사를 시작하면서 문재인 정권과 대립했다. 문재인 대통령은 임명장을 전달하면서 검찰총장에게 청와대, 행정부, 집권 여당을 가리지 말고 살아 있는 권력에도 권력형 비리가 있다면 엄정하게 수사할 것을 직접 주문했다. 하지만 막상 조국 후보자를 비롯한 정권 핵심부를 통해 청와대까지 겨냥하여 수사를 시작하자 갈등이 깊어졌고 문재인정부는 도리어 검찰총장을 압박했다.

2019년 8월 9일 조국 법무장관 후보로 지명이후 딸의 입시 특혜 의혹, 일가의 사모펀드 논란, 사학 비리 등의 의혹이 줄줄이 터져 나왔다. 법조계에서는 당시 검찰총장이 수사에 드라이브를 걸 가능성이 거의 없다고 평가했다. 하지만 검찰은 8월 27일 조국 후보자에 대한 전방위 압수수색에 나서며 살아 있는 권력에 대한 전격적인 수사를 시작했다. 당초에는 서울중앙지검 형사부로 배당되었던 사건인데, 검찰 내 최정예 수사 부서로 꼽히는 서울중앙지검 특수부에 조국 고발 건을 재배당하며 강제수사에 돌입했다. 살아 있는 권력에 대한 수사라는 윤 당선인의 강골 검사 기질이 발휘되는 순간이었다.

그해 9월 6일 오후 10시 50분 검찰이 조 후보자 딸의 동양대학교 표창장을 문제 삼아 부인 정경심 교수를 사문서위조 혐의로 전격 기소했다. 사흘 뒤인 9일에는 조국 일가의 사모펀드 의혹과 관련해 이상훈 코링크PE 대표와 가로등 점멸기 제조업체 웰스씨앤티 최 모 대표에 대해 첫 번째로 구속영장을 신청했다. 영장은 기각됐지만 파장은 쉽게 가라앉지 않았다.

9월 9일 이 같은 논란 속에서도 문 대통령은 조국 법무부장관 임명을 강행했다.

9월 14일 검찰은 코링크PE와 관련해 조국 전 법무부장관의 5촌 조카를 인

2019년 7월 윤석열 신임 검찰총장(왼쪽)이 청와대 본관에서 열린 임명장 수여식에 참석해 조국 전 청와대 민정수석과 이야기를 나누고 있다.

천공항에서 체포했다. 16일 새벽에 검찰은 자본시장법상 부정거래·허위공시와 특정경제범죄가중처벌법상 횡령·배임, 증거인멸교사 등 혐의로 조국 전 법무부 장관의 5촌 조카에 대한 구속영장을 신청했고, 당일 오후 서울중앙지방법원은 "범죄 사실 중 상당 부분이 소명되고, 본건 범행 전후 일련의 과정에서 피의자의 지위 및 역할, 관련자 진술 내역 등 현재까지 전체적인 수사 경과 등에 비춰 도망 내지 증거인멸의 우려가 있다고 인정된다"며 구속영장을 발부했다.

9월 23일, 검찰은 정경심 교수와 표창장에 대한 의혹 등을 조사하기 위해 문 대통령의 해외 순방을 틈타 조국 전 장관의 집을 압수수색했다. 10월 3일, 검찰이 정 교수를 비공개 소환했는데, 건강상 문제를 이유로 8시간 만에 조사가 중단되었고 조서에 서명도 하지 않은 채 정 교수가 귀가하는 상황이 발생했다. 10월 21일 검찰은 정 교수에 대해 구속영장을 청구하였고 10월 24일 법원에 의해 구속영장이 발부됐다.

조국 수사 이후에도 문재인정부와 검찰의 갈등은 지속됐다. 청와대의 유재

2021년 3월 윤석열 당시 검찰총장이 서울 서초구 대검찰청에서 사퇴 입장을 밝히고 있다.

수 전 금융위원회 금융정책국장 감찰 무마 의혹과 울산시장 하명 수사 및 선거개입 의혹 등 문재인 정권 핵심부의 범죄 혐의를 겨냥한 수사를 검찰이 시작한 것이다. 문재인 정권이 윤석열 사단을 무차별적으로 좌천시키고 윤석열 내치기를 노골적으로 시작함으로써 갈등의 골은 더욱 깊어졌다. 특히 추미애 법무부 장관 취임 이후 추 장관과 당시 윤 검찰총장의 대립은 극에 달했다.

2020년 8월 3일, 윤 총장이 추 장관의 지휘권 발동으로 '검·언 유착' 의혹 수

사에서 배제된 뒤 거의 한 달 만에 공식 발언을 했다. 그는 "우리 헌법의 핵심 가치인 자유민주주의는 민주주의라는 허울을 쓰고 있는 독재와 전체주의를 배격하는 진짜 민주주의를 말하는 것"이라며 "자유민주주의는 법의 지배를 통해서 실현된다"고 했다. 더불어민주당 박주민 의원은 "정치적인 색채가 짙은 발언 아니냐"고 했으며, 신동근 의원은 "사실상 반정부 투쟁 선언"이라고 했다. 이원욱 의원은 "정치를 하고 싶다면 검찰총장을 그만두라"고 했고, 이낙연 의원은 "직분에 충

윤석열 전 검찰총장이 2021년 6월 29일 서울 서초구 매헌윤봉길의 사기념관에서 대선 출마 기자회견을 마친 뒤 취재진의 질문을 받고 있다.

국민의 힘 이준석 대표(오른쪽)와 김기현 원내대표(왼쪽)가 2021년 8월 2일 서울 여의도 국회를 찾은 윤석열 대선 예비 후보에게 입당을 축하하는 꽃다발을 전달하고 있다.

실한 사람의 발언이라고 보기 어렵다" 고 했다. 당시 미래통합당은 "칼잡이 윤석열의 귀환을 환영한다"며 "함께 시대의 어둠을 걷어내겠다"고 했고, 국민의당은 "검찰총장다운 결기"라는 입장을 보였다. 불과 1년 만에 여야가 윤 당선인을 두고 전혀 다른 평가를 내리기 시작한 것이다.

2020년 11월 24일, 추 장관은 △언론사 사주와의 부적절한 접촉 △조국 전 장관 사건 등 주요 사건 재판부 불법 사찰 △채널A 사건, 한명숙 전 총리 사건 관련 감찰 및 수사 방해 △채널A 사건 감찰 정보 외부 유출 △총장 대면 조사 과정에서 감찰 방해 △정치적 중립 훼손 등 6가지 사유로 검찰총장 징

계를 청구했고, 직무정지 처분을 내렸다. 검찰총장이 직무정지 처분을 받은 것은 헌정 사상 최초였다. 윤 당선인은 곧바로 법원에 소송을 냈고 이를 법원이 인용하면서 검찰총장직에 복귀했다.

이후 여권과 추 장관의 집요한 추궁 끝에 12월 16일 2개월 정직 처분이 내려졌다. 윤 당선인으로서는 2013년 황교안 법무부 장관 시절 법무부 징계위에서 정직 1개월 처분 이후 두 번째 정직 처분이었다. 하지만 12월 24일 집행정지에 대한 정지 처분이 인용되면서 직무에 다시 복귀했다.

추 장관 퇴임 후 박범계 장관이 새로 법무부 장관으로 왔으나 검찰총장이

2021년 11월 5일 국민의힘 전당대회에서 대선후보로 확정된 후 양팔을 벌려 지지자들에게 인사하고 있다.

요구한 인사는 거의 받아들여지지 않았고, 오히려 검찰총장 패싱 인사를 단행하면서 갈등이 계속됐다.

사실 윤 당선인을 정치적으로 성장시킨 것은 '추·윤 갈등'이었다. 갈등이 깊어질수록 대선 주자로서 윤 당선인의 존재감은 커졌다. 윤 당선인의 부상에 대해 '발광체'가 아닌 반(反)문재인 '반

사체'라는 지적도 있었는데, 윤 당선인은 "저도 일정 부분 공감한다"며 "현 정부가 상식과 원칙을 지켰다면 국민이 저를 불러내시지 않았을 것"이라고 말했다. 법무부와 줄곧 갈등을 빚던 윤 당선인은 2021년 3월 총장직을 내려놓고 잠행 끝에 6월 대선 출마를 선언하며 7월 국민의힘에 입당했다.

02

윤석열의 약속

윤 당선인의 후보 시절 공약은 크게 두 갈래로 나뉜다. 국민의힘 내 경선 때부터 발표해왔던 코로나19 극복, 청와대(대통령실) 개혁, 주택 공급 및 부동산 대책 등 굵직한 국정 과제 그리고 그야말로 '소소'한, 생활 편의성을 높여주는 가벼운 공약 위주로 구성된 '59초 쇼츠'와 '석열 씨의 심쿵 약속'이다.

국정 운영의 방향을 보여주는 공약들은 대부분 전자에 속해 있다. 10대 공약으로 발표한 코로나19 극복과 포스트 코로나 플랜, 일자리 창출, 주택 250만가구 이상 공급, '디지털 플랫폼 정부' 구현과 대통령실 개혁, 원천 기술 선도, 출산·산후조리·양육까지 국가 책임 강화, 청년을 위한 공정사회(여성가족부 폐지), 당당한 외교와 튼튼한 안보, 실현 가능한 탄소중립과 원전 최강국 건설, 공정한 교육을 통한 미래 인재 육성은 윤석열정부가 추구하는 방향성을 보여준다. 윤 당선인이 정치에 뛰어들 때부터 강조해온 '공정'을 전 분야에 걸쳐 부각했고, 코로나19라는 당면 과제를 일단 최우선순위로 내세웠다. 국가 경제가 돌아가는 핵심이 일자리라는 점, 의식주 가운데 가장 문제가 되고 있는 것이 주택이라는 점 등에서 이들을 우선순위에 두었다. 미래를 준비하기 위해 필요한 과학기술과 교육개혁, 그 미래를 실현할 역군을 만들어야 한다는 점에서 반드시 필요한 저출산 문제 해결도 10대 과제 안에 넣었고, 탄소중립 실현이라는 글로벌 어젠다도 넣었다.

다만 이 같은 '무거운' 과제들도 가볍게 접근한 것이 논란이 됐다. 자신의 사회관계망서비스(SNS)에 '6~7글자 공약' 형태로 가볍게 올린 것도 많았다. 윤 당선인의 7글자 공약은 대부분 논쟁적인 것이었다. 이는 귀에 '쏙' 박히게 했다는 장점은 있지만, 윤 당선인이 진지하고 세밀하게 접근해야 하는 문제를 지나치게 가볍게 다뤘다는 비판도 받은 대목이다. 가장 대표적으로 '여성가족부 폐지' '주식양도세 폐지' '사드 추가 배치' 등이 있다.

이 같은 가벼운 터치가 2030 젊은 세대에게 확실히 각인됐다는 것을 확인한 윤 당선인은 이후 '59초 쇼츠'와 '석열 씨의 심쿵 약속'을 연이어 내놓으며 '표심 잡기'에 나섰고, 이것이 꽤 먹혔다는 평가를 받는다. 이들은 이른바 '생활 밀착형' 공약인데, 공약집 곳곳에 녹아들어 있다.

윤석열정부가
나아갈 방향 보여주는 10대 공약

윤석열 대통령 당선인의 수많은 공약 중 논의에 논의를 거쳐 나온 10대 공약의 핵심은 문재인정부의 실책 해결 그리고 미래 정부의 방향성 설정으로 요약해볼 수 있다.

문재인정부는 초기만 해도 코로나19 방역에서 좋은 평가를 받았다. 그러나 이후 코로나19가 예상치 않게 장기화되면서 이른바 '사회적 거리두기'로 불리는 방역 대책이 오락가락하기 시작했다. 그 피해는 고스란히 자영업자와 소상공인에게 돌아간 상황이다. 이들이 정부의 방역 대책에 협조했기 때문에 본 이른바 '손실'에 대한 보상을 어느 정도 수준으로, 어떻게 해줄 것인지가 이번 대통령선거에 출마한 모든 대선주자들의 숙제가 됐다.

윤 당선인은 일단 금액을 제시했다. 그가 내세운 '코로나 극복 긴급구조 플랜'은 방역 조치로 손실을 본 자영업자와 소상공인에 대한 보상은 물론, 보상의 범위 확대, 이들이 그 과정에서 겪은 신체적·정신적 건강 회복과 유지를 위한 지원 등을 담고 있다. 윤 후보는 취임 후 100일 안에 총 50조원의 재정 투입을 약속했다. 또 이와 함께 감염병이 터졌을 때 긴급구조 프로그램 가동을 위한 법률 제·개정, '코로나 긴급구조 특별본부'를 대통령 직속으로 취임과 동시에 설치, 감염병 종식 후 2년간 피해 지원 및 극복을 위한 모니터링 실시 등을 공약으로 내걸었다.

문재인정부의 실패한 정책으로 꼽히는 일자리 정책도 우선순위로 들어간 공약이다. 문재인정부는 출범 초기 일자리 만들기에 '올인'했지만, 최저임금의 급격한 인상과 무리한 비정규직의 정규직화 등으로 사회문제를 일으키며 사실상 이 분야에 있어서 실패했다는 평가를 받는다. 윤 당선인이 코로나 극복 바로 다음에 내세운 과제가 '지속 가능한 좋은 일자리 창출'인 이유다. 그는 이를 제안하면서 세부 과제도 내놨는데, 규제개혁 전담기구를 통한 규제혁신으로 기업 투자 활성화, 고용 친화적 환경 조성으로 양질의 일자리 창출 기반 조성, 창업과 혁신벤처 지원 및 중소·중견 기업의 신사업 진출 지원, 글로벌 선도 기업 유치를 통한 민간 일자리 창출 등이 있다.

주택 공급을 핵심으로 하는 부동산 정책 역시 문재인정부의 '실패한 정책' 중 하나다. 윤 당선인은 이 분야에서도 의지를 보이고 있다. '수요에 부응하는' 주택 250만가구를 임기 내 인허가를 내주겠다는 것이 '그랜드 플랜'이고, 정부가 출범하고 바로 주택 공급 로드맵 발표, 제도 개선 법령 개정 적극 추진 등을 통한 시장 정상화 의지를 표명했다.

새롭게 출범하는 윤석열정부가 야심차게 선두에 내세우는 새로운 '개혁' 중 하나는 디지털 플랫폼 정부 구현과 청와대 해체다. 특히 윤 당선인은 당내 경선이 끝나고 자신이 직접 전면에 나서서 발표하는 1호 공약으로 디지털 플랫폼 정부를 꼽을 정도로 이 분야에 강한 의지를 드러내고 있다. 정부와 지방자치단체, 정부 산하기관 모든 사이트를 하나로 통합, 국민이 이 사이트에 접속하면 모든 정보와 민원을 처리할 수 있게 하겠다는 것이 골자다. 이 과정에서 스타트업 기업의 힘을 빌려 두 번째로 내세운 '일자리 창출'과 연결시키겠다는 계획도 밝힌 바 있다. 또 플랫폼을 바탕으로 정책 설계 과정을 투명하게 공개, 현실과 가상의 융합 공간(메타버스)을 매개로 국민 스스로 정책을 설계에 참여하는 국정 운영 방식을 채택하겠다는 다소 야심 찬 계획도 포함됐다.

또 하나의 중요한 키워드는 대통령실 이전이다. 이 공약의 핵심은 사실 '청와대 해체'다. 취임하자마자 광화문 정부종합청사로 대통령 집무실을 옮기고, 기존의 청와대 용지는 국민에게 돌

윤석열 당선인이 2021년 11월 서울 여의도 하우스커피에서 청년위원회 및 청년본부 출범식에서 기념촬영을 하고 있다.

려주겠다는 계획이다. 문재인 대통령 역시 '광화문 시대'를 내세웠지만, 실천하지 못한 미완의 과제로 남았다는 점에서 의미가 있다. 정부조직법 및 대통령비서실 직제(대통령령) 개정을 통해 청와대를 해체하고, 조직을 개편하겠다는 것이고, 이렇게 바뀐 정부 조직부터 '디지털화'해 디지털 플랫폼 정부도 구현하겠다는 계획이 전체적으로 맞물려 돌아간다. 이 공약에는 참모들의 반대가 만만치 않게 제기됐지만, 윤 당선인이 강한 의지로 밀어붙였다는 후문이다. 윤 당선인이 공식 선거운동 시작일인 2022년 2월 15일 출정식 장소를 광화문 일대 청계광장으로 잡은 것도 이 부분에 대한 의지를 강조하기

윤석열 당선인이 2021년 11월 서울 여의도 중앙당사에서 천안함 최원일 전 함장(왼쪽), 이성우 유족회장과 인사하고 있다.

위함이었다는 분석이 나온다.

정부의 과학기술 리더십 강화와 데이터에 근거한 국정 운영, 과학의 정치적 중립성 보장을 통해 원천 기술 선도국가로 만들겠다는 복안을 내보이며 대통령 직속 민관 과학기술위원회 신설도 공약으로 내걸었다. 우리나라의 가장 큰 위기 중 하나로 꼽히는 저출산 문제 해결을 위해 난임 부부 지원과 난임 휴가 확대, 임신·출산 관련 모든 질병 치료비 지원 확대, 산후조리에도 국가 지원, 출산 후 각종 비용 지원을 통한 아이 키우기 좋은 환경 만들기 등도 10대 과제 중 하나로 들어갔다.

이번 대선의 중요한 키워드였던 청년 공약도 포함됐다. 다만 청년 공약의 1

순위 과제로 여성가족부 폐지를 내건 것은 두고두고 논란이 될 전망이다. 윤 당선인은 '공정한 기회와 투명한 절차 보장'을 이유로 내걸며 여성가족부를 폐지하는 대신 청년과 '가족'의 가치를 재조명할 별도 부처 설립을 약속했다.

자신의 슬로건이기도 했던 '공정'의 가치를 청년 정책에 반영하기도 했다. 공정한 입시 및 취업 보장을 위한 각종 방안은 물론, 성범죄와 무고죄 처벌 동시 강화, 음주범죄 무관용 원칙 천명, 촉법소년 연령을 만 12세로 하향 조정 등도 내걸었다. 또 취업의 대물림과 청년 기회 박탈 문제가 불거졌던 강성노조의 불법행위 엄단과 시민단체 공금 유용 및 회계 부정 방지를 위한 '윤미향 방지법' 등도 이 카테고리에 포함시켰다. 청년들의 목돈 마련을 위한 '청년도약계좌'도 신설한다.

외교안보 분야에선 원칙 있는 비핵화 협상 추진, 이를 위한 국제 공조 강화를 밝혔다. 역시 선거운동 기간 내내 논란이 됐던 북한 도발 억제를 위한 사드 추가 배치도 핵심 공약에 넣었다. 전 세계적 화두가 된 탄소중립을 실현하기 위한 방안으로 '원전 최강국 건설'을 앞세웠는데, 이는 문재인정부의 정책 방향과 정반대다. 10대 과제의 마지막은 공정한 교육과 미래 인재 육성으로, 디지털 교육 체제로의 대전환을 통한 학교교육 정상화, 교육의 공정성 향상, 공정한 교육 기회 제공 등을 약속했다.

지역 공약에 힘준 윤석열…
"3000조 들어도 한다"

윤석열 대통령 당선인의 '정책 엑기스'라 불리는 공약집은 2021년 2월 24일 발표됐다. 특이한 점은 지역별 시도 공약을 별도의 책자로 냈다는 것이다. 본 공약집에는 다른 공약들과 비슷한 수준으로 나열 및 설명을 한 후, 하나의 세트처럼 된 부록을 달아 자세하게 서술한 것이다.

여기에는 서울, 부산, 대구, 인천, 광주, 대전, 울산, 세종, 경기, 강원, 충북, 충남, 전북, 전남, 경북, 경남, 제주 등 전국 17개 광역자치단체별로 나눠 핵심 공약이 소개돼 있다.

서울은 전 국민의 관심사인 대형 공약이 즐비하다. 경부선(서울역~당정), 경원선(청량리~도봉산), 경인선(구로~인천역)의 단계적 지하화라는 초대형 토건 사업이 전진 배치돼 있다. 이와 함께 한남IC부터 양재IC까지 이어지는 경부고속도로 지하화, 신분당선 서북부(용산역~고양시 삼송) 연장 등도 관심을 모으는 공약이다. 여의도 '금융허브 특구' 지정 및 각종 금융 규제 완화와 세제 혜택 부여와 같은 공약도 있고, 한강 수변을 '한강 센트럴 워터파크'로 조성하겠다는 내용 역시 들어갔다.

부산에서도 경부선 철도 지하화와 부울경(부산·울산·경남) GTX 건설 등 임기 내에 착공도 하기 쉽지 않은 대규모 사업들이 즐비하다. 광주 공약에는 후보 선거운동 기간 중 이슈가 됐던 복합쇼핑몰 유치도 집어넣었다.

윤석열 당선인이 2022년 2월 22일 충남 홍성군 내포신도시에서 선거 유세를 하고 있다.

윤 당선인은 후보 시절 각 지역을 돌 때마다 지역 맞춤형 공약을 발표했는데, 이는 지역에서 상당한 이슈가 된 적이 많았다. 부산에서 발표한 가덕도 신공항 조기 건설이 대표적이다. 2021년 4·7 부산시장 재보궐 선거에서도 가장 큰 지역 현안이었던 가덕도 신공항 건설은 지역 간 대립 구도가 되면서 여러모로 여론을 많이 탔다. 지역 민심은 뜨거웠지만, 국토교통부에서 가덕도가 공항 입지로 적합하지 않다는 보고서를 내면서 정부·여당에 대한 지역의 반응이 싸늘해지기도 했다. 윤 당선인은 이 같은 '부산 민심'을 감안, 가덕도 신공항 조기 건설을 약속했다. 다만 이 과정에서 '화끈한' 예비타당성 조사 면제를 내걸면서 비판도 받았다.

광주의 복합쇼핑몰 유치는 당초 '공약' 사항은 아니었다. 복합쇼핑몰 하나도 없는 광주의 현실을 지적하며, 그동안 호남에서 절대적인 영향력을 갖고 있던 민주당 인사들을 비판했던 것인데, 이것이 지역 내에서 반향을 일으키자 전격적으로 공약에 포함된 것으로 보인다. 공약 사항이 아니었을 것이라고 보는 것은 쇼핑몰 유치가 정부 주도가 될 수 없기 때문이다. 결국 쇼핑몰은 민간 기업이 나서야 하는 사안이고, 그 과정에서 정부가 편의를 봐준다거나, 혜택을 주는 식으로 접근할 수밖에 없어서 '공약'으로 보기에는 다소 무리가 있다는 이야기도 나온다. 전북 공약으로 내걸었던 '새만금 메가시티 조성 및 국제투자진흥기구 지정'은 과거 정부가 매번 공약으로 내걸었지만, 제대로 되지 않은 새만금 개발 사업의 '윤석열 버전'이다. 지역에선 분명 환영할 만한 공약이지만, 실행력이 문제다.

이처럼 각 지역 맞춤형 공약을 공약집에 넣었을 뿐 아니라 별도의 책자로까지 만든 것은 지역의 '가려운 곳'을 긁어 주겠다는 윤 당선인의 의지가 반영된 부분이다. 실제로 윤 당선인은 공약집을 만들 당시 난색을 표하는 정책본부를 "3000조원이 들더라도 국민과의 약속이 우선"이라고 말하며 설득했고, 그 결과 이것이 별도의 공약집으로까지 나온 것으로 파악됐다.

다만 윤 당선인도 말했듯 이 같은 지역 공약을 실현하기 위해선 막대한 재정이 소요될 수밖에 없다. 또 지방자치단체와의 협업도 중요하다. 계속해서 현실화 문제가 도마 위에 오르는 이유다. 또 정부가 나서서 할 일이라기보다는 민간의 힘을 빌려야 하는 사업이 수두룩해 윤석열정부가 출범 후 이 사업들을 어떤 순서로, 어떻게 실행할지에 대해서도 관심이 쏠린다. 특히 경부고속도로 지하화나 서울 경부선 등 철도 지하화 프로젝트는 임기 초반 대통령의 결단이 없으면 시행되기 어려운 정도의 대규모 사업이다. 정권 초기 이니셔티브를 쥐는 것이 절실하다. 그러지 않으면 흐지부지될 가능성이 높다.

과거와 현재, 미래 보여주는 맞춤형 공약

윤석열 대통령 당선인은 공약집을 내면서 첫 페이지를 세대·대상별 맞춤 공약 설명으로 채웠다. 세대 갈등, 젠더 갈등이 심화된 현재 상황을 반영한 것이기도 하고, 이들의 다른 욕구와 필요에 맞춰 맞춤형으로 공약을 발표하겠다는 의지가 반영돼 있다.

이 중 가장 먼저 나온 것은 '우리 아이'이고, 그다음이 청소년, 청년, 엄마 아빠, 어르신, 장애인, 다문화가족, 보훈가족, 소상공인·자영업자, 중소·벤처기업인, 노동자, 농어업인, 문화예술체육인, 과학기술인 순서다. 1차적으로는 생애주기별로 공약을 내놨고, 그다음은 소외계층, 그다음은 굵직한 직능별로 나눴다. 다만 이 분류에 해당되지 않는 사람들도 꽤 있다는 점에서 일부에선 아쉽다는 의견을 피력하기도 한다.

공약집 초반에 간결하게 언급됐던 세대별·계층별·직능별 맞춤 공약은 공약집 뒤편에 나오는 '모두가 행복한 대한민국'에서 구체화된다. '우리 아이'가 행복한 대한민국을 위한 공약으로 윤 당선인은 정부 지원 아이 돌봄 서비스 강화, 어린이집과 유치원 교사 처우개선, 방과 후 학교 확대를 통한 초등학생 돌봄 저녁 8시까지 확대, 영유아·초등학생 돌봄 서비스 통합 인공지능(AI) 플랫폼 구축, 어린이집과 유치원 영유아에게 하루 세 끼 친환경 급식 제공, 아동 학대 방지 시스템 구축 등이 들어갔다.

청소년 공약으로는 어렸을 때부터 건강관리를 해주겠다는 목표하에 남녀 청소년 모두에게 자궁경부암(HPV) 백신을 국가가 무료로 접종해 주기로 했고, 생애주기 소아청소년 건강검진 통합 프로그램 구축, 소아청소년 중환 및 응급질환 24시간 전담 전문의 확대 등도 약속으로 내걸었다. 가족으로부터 제대로 된 돌봄을 받지 못해 학업을 중단해야 하거나, 일탈하는 청소년들을 국가가 선제적으로 찾아 서비스를 제공하고 보호하겠다는 내용도 포함됐다.

청년을 위한 공약으로는 주택과 관련된 공약이 대거 들어갔다. 청년들이 느끼는 상실감의 상당수가 '집'에 대한 것임을 감안했다. 윤 당선인이 당 경선 후보 시절부터 힘줘 발표하고 내세웠던 이른바 '청년원가주택'을 30만가구 공급하는 것이 대표 공약이다. 청년층에게 공공분양주택을 건설원가 수준으로 공급하되, 분양가의 20%만 내게 하고, 나머지 80%는 장기 원리금 상환을 통해 매입하게 하는 것이다. 분양을 받은 청년은 5년 이상 거주한 후 이를 매각할 수 있는데, 매각하는 대상은 다른 아닌 국가다. 국가가 이를 사주면서 매매 차익의 70%까지는 돌려받을 수 있게 해 '청년의 자산 형성'을 돕겠다는 복안이다.

또 청년에게 절대적으로 불리한 청약 제도를 개선하는 안도 포함됐다. 청약 통장 보유 연한과 부양가족 수가 절대적인 당첨 요건인 현재의 청약가점체제하에서 청년은 소외될 수밖에 없다는 데 착안한 정책이다. 전용 85㎡이하 면적 분양분에 대해선 100% 가점 순서대로 줄을 세워 당첨자를 정하던 것을 세분화해 전용 60㎡ 이하는 가점 40%, 추첨 60%로 하고, 60~85㎡ 주택은 가점 70%, 추첨 30%로 변경한다. 전용 85㎡ 이상은 기존 가점 50%, 추첨 50%를 가점 80%, 추첨 20%로 바꾼다. 청년들의 주택 수요가 소형 면적에 몰려 있다는 점을 감안, 초소형(전용 60㎡ 이하)에 대해선 청년의 당첨 기회를 늘리기 위해 추첨제를 60%까지 대폭 늘린 것이다. 대신 중장년층의 수요가 많은 중대형은 가점 비중을 높게 설정했다.

이 밖에도 현재의 청년 취업 후 상환 대출 제도가 대학생이 아닌 청년과 취업준비생을 소외시키고 있다고 판단,

2022년 1월 윤석열 당선인이 서울 예술의전당 서예박물관에서 매일경제 주관으로 열린 한국 발달장애 아티스트 특별전시회를 관람하고 있다.

이들도 대상자에 포함시키고, 이들에게 최대 1000만원 한도 내에서 취업준비금과 생활비 명목으로 저리 대출을 해준 뒤 취업 후 상환하게 할 예정이다. '청년도약계좌'를 통해 만 19~34세 청년의 10년간 1억원 만들기를 돕는 안도 포함됐다. 매월 최대 70만원 한도로 10년간 적금같이 부으면 10년 후 1억원을 가져갈 수 있는 정부 지원 금융 상품이다. 저소득층 청년은 정부로부터 지원을 받아 월 70만원을 채울 수 있고, 소득이 괜찮은 청년은 자력으로 월 70만원을 넣되, 소득공제 등 혜택을 받는 안이다.

'엄마 아빠'를 위한 공약도 있다. 0~12개월 아이를 키우는 부모에게는 이른

2022년 1월 경기 용인 삼성화재 안내견학교를 찾은 윤석열 당선인이 안내견 훈련사들에게 안내견 인형을 선물로 받았다.

바 '부모 급여' 월 100만원을 주고, 부모의 육아휴직 기간을 확대한다. '어르신'을 위해선 기초연금을 현행 30만원에서 40만원으로 인상하고, 65세 이상에게 대상포진 예방접종 무료 실시 등복지 혜택도 준다. 만 60세 이상 1가구1주택 자기 집 거주 가구가 주택 면적을 줄여 차액을 개인퇴직연금 등에 불

입하면 연금소득세, 양도소득세, 취득세 등을 경감해주는 조치 등도 노인을 위한 공약으로 포함됐다.

장애인을 위해선 교육과 이동·교통권보장, 문화·체육·방송 이용 환경 확대, 개인예산제 도입을 통한 복지 선택권강화를 내걸었고, 의료 지원도 확대하기로 했다. 점점 늘어만 가는 다문화

가정을 위해서도 영유아 및 아동 교육 및 돌봄 강화 서비스와 조부모 비자 발급 개선, 부모 출신 국가의 다문화 자녀 귀국 및 교육 지원 등을 약속했다.

유독 반려동물에 대한 애착이 많은 윤 당선인의 성향을 반영하듯, 반려동물도 '마음을 나누는 가족'이라는 이름으로 별도 공약이 들어갔는다. 반려동물 표준수가제 도입 및 치료비 부담 경감과 불법적 강아지 공장 근절 등 반려동물 보호 체계 정비, 개 식용 금지 추진 등이 포함돼 있어 점점 늘어나고 있는 반려인들의 마음을 잡았다.

이번 당선인 공약집에서 또 하나 두드러진 특징은 주택(부동산)과 관련된 항목이 기존 당선인들에 비해 대폭 늘어났고, 공약집과 같은 곳에서 좀처럼 찾아보기 어려웠던 주식시장에 대한 내용도 대폭 보강됐다는 점이다. 문재인 정부의 '실책'으로 꼽히는 부동산 정책으로 인해 서울을 중심으로 집값이 폭등하면서, 윤 당선인은 이를 해결하기 위한 적임자를 자처한 바 있다는 점이 배경이다. 또 주식시장의 경우 부동산 시장에서 밀려난 사람들이 대거 몰린 데다가, 금융시장을 뒤흔든 코로나19라는 감염병 요인으로 인해 투자자 숫자가 2배 가까이 늘어나는 등 일부의 관심사가 아닌 전 국민의 관심사가 됐다는 점도 공약집 구성이 바뀌게 된 주요 원인이다.

윤 당선인의 주식시장 그리고 코인 등 각종 금융상품 관련 공약은 공약집에서도 서두에 들어갔다. 윤 후보는 '코인' 개미투자자를 보호하기 위해 코인 투자 수익을 5000만원까지는 완전 비과세하기로 했고, '디지털 자산 기본법'을 제정, 부당거래 수익에 대해선 전액 환수를 하겠다는 내용의 '당근'과 '채찍'을 모두 포함시켰다. 또 국내 코인 발행을 허용하고, 대체불가토큰(NFT) 활성화를 통한 신개념 디지털 자산시장 육성 방침도 천명했다.

주식시장에서 '개미'를 보호하기 위해 자신이 후보 시절 강하게 드라이브를 걸었던 주식양도세 완전 폐지도 공약집에 언급됐다. 다만 애초 증권거래세 폐지를 약속했던 것과는 달리, 거래세는 그대로 두고, 양도세를 폐지하는 쪽으로 방향을 틀었다. 이 밖에도 주식 물적분할 요건을 강화해, 모회사에서 신사업을 분할해 별도 회사로 상장할 경우 모회사 주주들이 받는 불이익을 최소화하고, 모회사 주주에게는 신주

2022년 초 한국거래소 서울사옥에서 열린 증권·파생상품 시장 개장식에서 윤석열 당선인이 당시 이재명 더불어민주당 후보와 악수하고 있다.

인수권을 부여하는 방안도 도입하겠다고 밝혔다. 개인투자자들 사이에선 '악몽'처럼 남아 있는 공매도에 대해선 '폐지'까지는 가지 않았지만, 불법 공매도를 근절하고, 공매도 운영의 합리적 제도 개선을 위해 기관 및 외국인에 비해 높은 개인투자자 담보 비율 등을 조정하겠다는 것도 공약에 들어갔다. 주택·부동산은 '주거 복지'와 '부동산 정상화'의 두 가지 카테고리로 나눠 공약을 발표했다. 주거 복지는 말 그대로 '복지' 개념에서의 주거 정책이다. 전세자금대출 원리금 상환액에 대한 소득공제율을 현 40%에서 50%로 확대,

공공임대주택 연평균 10만가구씩 총 50만가구 공급, 비정상적인 거처 거주자가 정상 거처로 이전 시 조건부 바우처 지급 및 임대보증금 무이자 대여 조치 실행, 주거급여 대상자를 중위소득 46%에서 50% 확대 등을 담았다. 또 주거급여 기준이 되는 기준임대료는 100% 현실화하고, 관리비도 주거급여 일부로 산정하기로 했다.

부동산 정상화 항목에는 '수요'에 부응하는 충분한 주택 공급이 가장 먼저 담겨 있다. 여기에서 말하는 '수요에 부응한다'는 것은 서울·수도권 핵심지 공급을 늘리겠다는 것인데, 이를 위해 재건축과 재개발 활성화가 필수라는 것이 당선인의 의지다. 5년간 250만가구 이상 공급을 하되, 그중 수도권은 최대 150만가구에 달한다. 재건축·재개발 물량도 47만가구까지로 잡겠다는 계획이다. 단순히 '물량'을 늘리는 것도 중요하지만 사람들이 살고 싶어 하는 곳, 그렇기에 가격이 올라가는 곳에 더 많이 공급하겠다는 것이 골자다.

그렇다면 재건축·재개발과 리모델링은 어떻게 활성화해야 할까. 윤 당선인은 3대 규제 철폐를 내놨다. 재건축 정밀안전진단 기준을 조정하고, 재건축 초과이익 환수제를 완화하며, 분양가 규제 운영을 합리화하는 것이 핵심이다. 안전진단 기준은 문재인정부 들어 재건축을 '어렵게 하기 위해' 조정된 측면이 있다. 구조안전성 부문 배점이 확 늘어났고, 실제 거주 주민들이 갈급해하는 주거환경 비중이 확 줄어들었던 것이다. 윤 당선인은 문재인정부 전보다는 늘어났지만 현행 50%보다는 낮은 30%를 구조안전성 배점으로 할애하고, 주거환경 비중을 현재 15%에서 30%로 올리는 안을 제안했다.

재건축 초과이익환수제 때문에 재건축이 중단 혹은 지연된 곳이 많다는 점에 착안, 부담금 부과기준 금액을 상향하고, 부과율을 인하하면서 1주택 장기보유자에 대한 감면을 해주거나, 부담금 납부 이연 허용 등도 검토하고 있다. 또 분양가를 너무 낮춰 일부 수분양자에게는 '로또'가 돌아가지만 현재 살고 있는 조합원에겐 고스란히 부담이 되는 분양가 규제도 좀 더 합리적으로 손을 보겠다는 계획이다.

이밖에 1기 신도시인 분당, 일산, 산본, 평촌, 중동 등의 재정비를 위한 특별법 제정, 이를 통한 양질의 주택 10만가구 공급 기반 구축, 3기 신도시 등에 1기

신도시 재정비를 위한 이주전용단지 마련을 공약으로 내걸었다. 우리나라 주택 공급의 절대 다수를 차지하고 있지만 잘 눈에 띄지 않는 다가구주택에 대한 정비 활성화도 약속했다. 또 문재인정부가 시행했다가 철회한 임대주택사업자 제도 도입 및 인센티브 부여에 대해 '원상복귀'와 재정비를 공약으로 내걸었다.

세금 문제도 '정상화'를 선언했다. 부동산세제 전반의 정상화 방안 추진을 위해 임기 초 곧바로 태스크포스(TF)를 구성하고, 모든 세금 납부의 기준이 되는 부동산 공시가격을 2020년 수준으로 환원하기 위한 작업도 착수할 계획이다. 가장 파격적인 공약 중 하나로 꼽혔던 종합부동산세 폐지도 시동을 건다. 지방세인 재산세와 장기적으로는 통합을 추진하고, 매년 5%포인트씩 올라가 100%까지 올라가게 되어 있는 현재의 종합부동산세 계산의 기준이 되는 공정시장가액비율은 현재 수준인 95%에서 멈추게 한다. 1주택자 세율은 문재인정부 출범 이전 수준으로 인하하고, 다주택자라고 해도 비조정 지역에 집을 갖고 있거나 법인 소유일 경우엔 세 부담 증가율 상한선을

인하한다. 양도소득세를 문재인정부가 다주택자에게 과도하게 부과하는 것이 오히려 이들이 시장에 내놔 팔 매물을 없애게 해 '공급 절벽'을 가져온다는 비판을 감안, 이들에 대한 '중과세율 적용'을 최장 2년간 한시적으로 배제해 매물이 시장에 나올 수 있게 할 예정이다. 1주택자의 원활한 주거 이동 보장을 위해 취득세도 현행 1~3%인 것을 단일화하거나, 세율 적용 구간을 단순화할 예정이다. '생애최초주택' 구매자에 대해선 취득세 면제 또는 1% 단일세율 적용을 검토하고 있다.

문재인정부 들어 주택담보대출비율(LTV)이 심하게는 20%까지 축소되고, 여기에 총부채원리금상환비율(DSR)까지 더해져 오히려 현금 부자 혹은 부유층 자녀들만 집을 살 수 있는 구조가 됐다는 비판이 있었다. 윤 당선인은 이 같은 여론을 감안, LTV 규제 개편에도 나선다. 생애최초주택 구매 가구에 대해서는 80%까지, 그 외의 경우 지역과 관계없이 70%로 단일화하고, 다주택자에 대해선 40% 혹은 30%로 차등화해 부여한다.

이번 20대 대통령선거에 출마한 후보들은 경선, 혹은 선거운동 과정에서 표

얻기에 급급하고, 표가 안 되는 과제들에 대해선 외면하고 있다는 비판을 종종 받아왔다. 가장 대표적인 것이 연금개혁이다. 국민연금이 극도의 저출산율로 이미 위태로운 상황에 놓여 있고, 이대로 가다간 현재의 젊은 세대는 노후에 실효성 있는 국민연금을 받을 수 없다는 위기감이 있지만, 이를 해결하기 위해선 부담분 상승이 불가피해 후보들은 '필요성'을 인정하면서도 제대로 된 '공약'으로 내놓기를 꺼리는 측면이 있었다.

그러나 몇 번의 대선주자 토론회 등을 통해 연금개혁 문제가 불거지면서 윤 당선인도 연금개혁을 공약집에 넣으며 문제 해결 시도를 약속했다. 윤 당선인은 공약집에서 "국민연금제도는 노후소득 안정, 지속 가능성, 형평성 차원의 어려움에 직면했다"고 하면서 현상을 진단했다. 급여만 낮추고 보험료율을 올리지 않아 소득대체율이 40%로 하락했고, 현재 9%의 보험료율이 유지될 경우 2030세대의 연금 부담률이 폭등할 수밖에 없다는 것이다. 윤 당선인은 대통령 직속 '공적연금개혁위원회' 설치를 통한 해법 찾기에 나서겠다고 약속했다. 구체적인 안을 제

시하지는 못했지만, 연금개혁의 방향으로 이른바 'MZ세대'에게 연금 부담이 과중되지 않도록 세대 공평한 연금 부담, 국민연금 수급과 부담의 구조 균형화를 찾고, 1인 1국민연금 의무화, 국민연금 외에도 기초연금, 퇴직연금, 주택연금 및 농지연금 등 각종 연금을 국민연금과 함께 개혁 테이블에 올려 총체적인 다층 연금개혁을 할 것임을 예고했다.

전 세계적인 어젠다가 된 탄소중립과 환경보호에 대해서 윤 당선인은 상대후보에 비해 두는 비중은 상대적으로 작은 편이었다. 다만 워낙에 문재인정부와 '원전' 문제로 각을 세워온 윤 당선인인 만큼, 탄소중립을 실현하기 위한 방안으로 '원전'을 강조하며 친환경 공약의 대표로 이를 내세운 것이 특징이다.

윤 당선인은 탄소중립 실현의 필요성을 거듭 강조했지만, 그 방법론에선 문재인정부와 완전히 다른 길을 선택했다. 우선 국가 온실가스 감축 목표 달성 방안의 전면 수정에 힘을 줬다. 온실가스 배출권 유상할당은 확대하고, 탄소세 도입에는 신중해야 한다는 입장도 내놨다. 산업계, 학계, 정부의

2021년 11월 열린 종편 10주년(개국 27주년) MBN 보고대회에서 윤석열 당선인이 인사말을 하고 있다.

'기후 위기 대책기구'를 구성, 산업계의 현실을 반영한 탄소저감 연구개발(R&D) 및 투자 확대 등 기후 위기 대응지원을 강화하겠다고 했고, 에너지 절약 시설 등 기후 위기 대응 투자에 대한 조세 지원 확대 방침도 밝혔다.

기후환경 위기 대응을 위해 석탄 등 화석연료 발전 비중을 60%대에서 40%대로 감축하고, 내연기관 자동차 신규 등록을 2035년부터 금지할 수 있도록하는 파격적인 안도 내놨다. 이는 물론 임기 후의 일이지만, 2035년 이후 점차 전기자동차나 수소차 등만 거리에서 돌아다닐 수 있게 하겠다는 내용이라 파격적이라는 평가다. 산림자원의 육성, 빅데이터 기반 선제적 산림 재난

관리시스템 구축, 산림의 공익적 기능 제고를 위한 임업 농가 지원 확대 등은 물론, 사전 예방적 관리를 통한 걱정 없는 물 서비스 제공도 약속했다.

윤 당선인의 환경문제 해결을 위한 궁극적 대안은 '원전'이다. 이는 별도의 카테고리로 아예 분리해 공약집에 정리했다. 윤 당선인은 '탈원전 정책 폐기'와 '신재생에너지와 원자력의 조화'만이 탄소중립을 가능하게 한다는 생각을 갖고 있다. 현재 가동이 중단된 신한울 3·4호기 건설을 즉시 재개하고, 2030년 이전 최초 운영 허가 만료 원전을 계속 운전하며, 원전을 기저전원으로 활용해 원전 비중을 유지하되, 신재생에너지도 주요 동력으로 활용하겠다는 계획이다.

원전에 대한 여러 가지 우려를 불식시키기 위해 국민 의견과 과학기술 전문가 등의 의견을 충분히 듣고, 공개하겠다는 계획도 밝혔다. 또 원전을 통해 국가 차원의 세일즈가 가능하다는 점을 강조하기 위해 '한미 원자력 동맹 강화'와 '원전 수출'도 내걸었다. 윤 당선인은 2030년까지 후속 원전 수출 10기를 달성할 경우, 일자리도 10만개를 창출할 수 있다는 입장이다. 소형모듈 원전(SMR) 개발사업 수출 지원은 꾸준히 강조해온 것이다. 수소병합 원전 개발 및 수출 상품화, 수소 생산 및 재생에너지와 연동이 용이한 혁신 SMR 개발도 자신의 공약집에 담아냈다.

공약집의 가장 마지막 부분에 위치하고 있지만, 평생 검사로 살아온 윤 당선인의 사법개혁 공약은 결코 후순위가 되진 않을 전망이다. 윤 당선인은 후보 시절 해당 공약을 발표할 때도 각별히 공을 들였고, 신경을 썼다는 후문이다.

공약집에 적시된 사법개혁 공약은 크게 6가지다. 첫 번째는 '전문 법원 설치 확대를 통한 양질의 사법 서비스 제공'이다. 사법 역시 국민 입장에서 받아야 할 '서비스'라는 인식이 출발점이다. 먼저 소년보호사건이나 소년형사사건, 아동 학대, 가정·연인 폭력 등의 처리는 가족법과 형사법으로 나뉘어 있는데, 이를 통합해 처리할 수 있는 '통합가정법원'으로 개편하고, 여기에 외부 전문기관과 연계해 상담과 치료, 지원, 후견 등 법률 서비스를 제공한다. 해사전문법원을 신설해 각종 해상 충돌로 인한 사건도 전담한다. 우리나라 현대사의 가장 가슴 아픈 사고 중 하나인 '세월호 사건'이 여기에 해당한다.

'국민을 위한, 국민의 법무·검찰 만들기'가 두 번째다. 윤 당선인이 검찰총장이던 시절 당시 추미애 법무부 장관과 극한의 갈등을 겪었던 경험치를 바탕으로 나왔는데, 법무부 장관이 구체적 사건에 대해 수사지휘권을 행사할 수 있도록 하는 것을 없애기로 했다. 또 검찰에 예산편성권을 부여한다. 검찰의 독립성을 강화하고 법무부 장관의 입김을 최소화하겠다는 것인데, 이를 두고 '검찰 출신' 윤 당선인의 과거 이력이 반영된 것이라는 해석이 나온다.

문재인정부 중후반 여당이 강행처리해 만들어낸 고위공직자범죄수사처(공수처)에도 손을 댄다. 당초 '공수처는 없어져야 할 조직'이라는 강경론을 펴는 듯했던 윤 당선인이지만, 일단 공수처 폐지보다는 '정상화'에 방점을 찍었다. 그는 공약집에서 고위공직자 부패 사건 수사에 대한 공수처의 우월적·독점적 지위 규정을 폐지하고, 공수처가 검경의 내사·수사 첩보를 이관해 수사를 무력화하는 일이 없도록 검찰과 경찰도 고위공직자 부패 수사 추진을 할 수 있게 하는 안을 밝혔다.

항상 검찰과 대립각을 세웠던 경찰에 대해선 '인사개혁'과 '처우 개선'을 약속했다. 다만 검찰에 대한 것과 상반되게, 경찰개혁을 말하면서는 경찰의 범죄 대처 능력 부족을 먼저 올려 논란도 빚었다. 윤 당선인은 순경 출신 경찰관을 경무관 이상 고위직에 20% 이상 배치해 인사 불공정을 해소하고, 하위직 경찰관이 더 높게 올라갈 수 있도록 하면서, 해양경찰과 소방경찰을 포함한 경찰의 공안직화를 통해 사기를 진작하고, 공상 보상금 예산을 10배 이상 증액하기로 했다.

국민이 법 서비스를 가장 많이 받는 '법원'에 대해선 서비스 효율성을 높이는 데 중점을 뒀다. 여러 곳에 흩어져 있는 행정심판 기관들을 하나로 통합해 '원스톱' 법률 서비스를 제공하겠다는 것이다. 또 법이 일반 사람들과 너무 멀다는 지적을 받아들여 '종합법률구조기구' 신설을 공약했다. 수많은 법률구조 기관을 하나로 통합 관리하고, 이들을 각 지역 변호사회와 연계해 쉽게 법률 서비스를 받을 수 있게 함과 동시에, 취약계층도 법이 너무 멀지 않도록 이들에 대한 법률 지원을 강화하겠다는 것이다.

새로운 정부가 들어서게 되면 가장 중요하게 보는 것 중 하나가 부처의 통폐합 내지는 신설이다. 윤 당선인은 부처 혁신의 1과제로 이른바 기존 '청와대'의 해체와 대통령실의 혁신을 들었다. '국민과 함께하는 대통령'이 되기 위해 수석비서관과 민정수석실, 제2부속실을 폐지하겠다고 선언했으며, 인원도 30% 감축하기로 했다. 대통령실의 구성 변경은 가장 큰 변화 중 하나다. 비서실장 등 정예화된 참모는 '정직원' 형태로 존재하지만, 수석비서관과 민정수석 등이 모두 사라진다. 대신 빠진 자리는 민관 합동위원회가 채운다. 윤 당선인은 "공무원 및 분야별 최고의 민간 인재들로 구성하겠다"고 밝힌 바 있다. 벤치마킹 대상은 미국 백악관의 경제자문회의다. 각 위원회는 국정 주요 현안, 미래 전략 수립에 필요한 여러 개의 소위원회를 산하에 구성해 운영하되, 임무가 종결되면 자연스럽게 소위원회도 폐지되고 새로운 소위원회가 계속 생성되는 태스크포스 방식으로 운영될 예정이다. 다만 대통령실의 특성상 기밀 유지가 필요한 사안에 대해서만큼은 정부 조직 내로 이관해 관리하고, 대통령실 운영에 참여하는

민간인이 부당한 사적 이익을 취할 수 없게 별도의 윤리 체계와 감시 체계도 구축한다.

대통령은 '구중궁궐'과 같았던 청와대가 아니라, 가장 많은 사람이 오가는 서울의 중심인 광화문 일대에 있는 정부종합청사에서 근무하게 된다. 대통령실은 광화문 정부종합청사로 임기가 시작되자마자 이전하게 되고, 앞으로 '청와대'라는 명칭도 역사 속에서만 남겨 두겠다는 것이 윤 당선인의 강력한 의지다. 윤 당선인은 "제왕적 대통령제는 폐지된다. 그리고 그것을 만들어냈던 청와대라는 명칭도 사라진다"고 선포했다. '정부는 정부만이 할 수 있는 일에 집중하는 시대'를 목표로 하며, 광장 속에서 참모, 국민과 직접 소통하는 대통령이 되겠다는 것이 윤 당선인의 비전이다.

기존 청와대는 국민에게 돌려주는 안이 유력하다. 기존 청와대 용지는 국민에게 개방되고, 그 용도를 무엇으로 할지는 국민의 뜻을 모아 정해나갈 전망이다. 기존 청와대 용지 주변에 설정되어 있는 각종 군사 규제, 건축 규제 등은 이에 따라 대폭 완화되고 서울 강북 지역의 대대적 변화도 예고된다.

타 부처에 대한 언급은 많지 않지만, 여성가족부 폐지는 후보 시절부터 강하게 언급해온 것이라 1순위 처리가 유력하다. 이준석 국민의힘 대표의 입김이 적지 않게 작용한 것이며, 윤 당선인의 강력한 지지 기반이 되어준 2030 남성의 요구를 당선인이 적극 수용했다. 다만 2030 남성의 찬성 여론인 만큼, 2030 여성의 반발도 예상돼 사회적 갈등 요인으로 남을 수 있다.

윤 당선인은 여성가족부 폐지의 이유를 설명하면서 "여성가족부가 양성 평등 기능을 제대로 수행하지 못하고 있고, 오히려 사업 중복과 여성가족부 포괄 업무로 인해 타 부처 업무에 사각지대가 발생했다"고 지적했다. 이어 "평등의식과 성폭력, 가정폭력, 아동 및 청소년 안전에 대한 교육 및 문화 확산이 필요하며, 이에 적절한 별도 부처를 신설하겠다"고 밝혔다.

부처 통폐합이나 신설 차원은 아니지만, 윤석열정부가 실제로 착수할 경우 거대한 실험이 될 것도 있다. 바로 디지털 플랫폼 정부다. 이미 '정부24' 등을 통해 정부 플랫폼을 만들고 서비스하고 있기는 하지만, 윤 당선인은 모든 부처를 아우르면서 누구나 쉽게 접근할 수 있으며, 데이터가 흩어지지 않고 모이면서 활용할 수 있는 디지털 플랫폼 정부를 만들겠다고 선언했다. 대통령 직속으로 민관 과학기술위원회를 신설하고, 정책과 제도를 입안할 때 국민 수요 조사나 각종 판단의 기초가 되는 데이터와 과거 정책의 결과를 시스템화한다는 계획이다. 국민은 부처별 사이트에 접속할 필요 없이 단일 사이트에 접속해 모든 정보와 민원을 처리할 수 있다. 이와 함께 이 같은 정보에서마저 소외되는 디지털 취약계층을 위한 문제해결센터 및 격차 해소 프로그램도 같이 운영한다는 방침을 밝혔다.

자주외교,
튼튼한 국방

윤석열 대통령 당선인은 처음 정치권에 발을 디딜 때부터 외교안보 분야를 강조해왔다. 본인이 외교안보 분야의 '비전문가'임을 인정하면서도, 외교와 국방 분야의 중요성은 수차례 말해왔다. 다만 자신의 전문 분야가 아니라는 점을 보완하기 위해 수많은 외교안보 전문가를 경선 캠프 때부터 섭외했고, 이는 선거대책위원회와 선거대책본부로 이어져 지금까지 흘러왔다.

윤 당선인의 외교안보 관련 3대 어젠다는 남북관계 정상화, 국익 우선 외교, 튼튼한 안보 국방이다. 남북관계 정상화를 가장 우선순위로 내세운 것은 문재인정부와의 차별화, 보수와 진보를 가르는 가장 큰 차이점 중 하나가 이 분야에서 발생한다는 점 때문인 것으로 풀이된다.

남북관계 정상화를 위해 윤 당선인은 북한의 완전한 비핵화 실현, 남북관계 정상화와 공동 번영 추진, 국민 합의에 기초한 통일 방안 마련, 북한인권재단 설립, 북한이탈주민 정착지원제도 전면 개편을 내세웠다.

비핵화는 현실적으로 단기간에 이뤄낼 수 있는 과제는 아니지만, 큰 숙제로 가장 우선순위에 둔 것이다. 윤 당선인은 '원칙과 일관성 있는 대북 비핵화 협상'과 이를 위한 국제 공조 및 양자·다자 협상에서의 중심적 역할 수행, 판문점 또는 워싱턴DC에 남·북·미 연락사무소 설치 등을 약속했다. 또 문재인정부가 북한에 '굴종적' 자세를 취해 국민의 자존심을 훼손했다고 지적하면서 북한의 비핵화라는 큰 과제의 진척 여부에 따라 경제협력을 하겠다고 하며 '남북공동경제발전계획' 추진 의사를 내비치기도 했다. 북한에 대한 단호한 자세를 유지하겠다는 것인데, 그 와중에도 인도적 지원과 분단으로 인한 국군 포로·납북자·이산가족·억류자 등과 관련된 문제에선 유화적인 태도를 취하겠다는 의지를 밝혔다.

통일이라는 먼 미래의 과제에 대비하겠다는 뜻도 밝혔다. 다만 문재인정부 방식으로 '종전선언'을 하는 일은 없을 것이라고 잘라 말했다. 윤 당선인은 "자유민주 통일 기반 조성과 국민 참여 확대를 통한 방안을 마련할 것"이라면서 "선 평화정책 및 점진적 문화·경제적 통일, 후 정치적 통일 추진이 원칙"이라고 설명했다.

문재인정부 들어 몇 번이고 문제가 됐던 북한 인권 관련 문제에 대해서도 국제사회에 목소리를 내겠다는 뜻을 밝혔다. 현재에도 우리나라에는 북한인권법에 따라 북한인권재단이 있지만, 20대 국회에서 민주당이 이사를 추천하지 않아 지금까지 재단 출범이 지연되고 있다. 윤 당선인은 여야가 조속히 법에 따라 총 12명의 이사를 임명해야 한다는 입장이고, 이에 따라 재단을 설립해 기능을 수행하도록 하겠다고 약속했다.

또 북한이탈주민 정착지원제도를 전면 개편해 정착 초기에 집중적으로 지원할 수 있게 하고, 외상 후 스트레스 장애 치료 지원과 법률 보호관리 시스템 법제화 등도 공약으로 내걸었다.

외교 분야에 있어선 한미 동맹을 최우선순위에 둔다. 윤 당선인은 문재인정부 들어 한국과 미국 간 신뢰가 저하됐고, 대북 이벤트 위주로 접근하다 보니 본질이 훼손되고, 동맹 간 대북정책 공조도 약화됐다고 진단했다. 이에 한국과 미국의 포괄적 전략 동맹을 강화하는 한편, 쿼드(미국·일본·호주·인도 등 4개국 협의체) 산하 백신·기후변화·신기술 워킹그룹에 참여, 추후 정식 가입을 모색하겠다는 뜻도 밝혔다. 한중관계는 '상호 존중'을 키워드로 한다. 문재인정부가 지나치게 이념 편향적 외교정책을 펼치는 바람에 한중관계에도 문제가 생겼다는 판단하에 '존중과 협력에 기초한 대중 외교 구현'과 '한중 간 기존 협력 기제의 충실한 이행과 내

'멸공' 해시태그 논란이 한창이던 2022년 1월 윤석열 당선인이 이마트에서 장을 보고 있다.

실 있는 운영'을 통해 북핵 문제 등을 효과적으로 관리하고, 한중 간 고위급 핫라인을 설치하겠다고 예고했다. 역시 문재인정부 들어 망가졌다는 평가를 받는 한일관계에 대해서도 대폭 수정을 약속했다. 과거 역사에 대한 인식은 분명히 하지만, 1998년 김대중·오부치 선언의 기본 정신과 취지를 발전적으로 계승하겠다는 취지다. 과거사와 주권문제는 당당하게 임하되, 한일 정상 셔틀 외교 복원과 미래 세대 중

심으로 양국 시민 간의 교류를 확대해 '악화일로'인 한일관계를 회복하겠다는 것이 윤 당선인의 의지다.

지역별 특화 글로벌 협력 네트워크 구축도 약속했다. '한·아세안 상생 연대 구상' 추진, 유럽 국가들과 '가치 외교 파트너십' 구축, 중동·아프리카·중남미·중앙아시아 지역 국가별·지역별 맞춤형 협력 프로그램 등이 추진된다.

또 미·중 경쟁과 코로나19 대유행 속에서 자국중심주의가 심화되고 있는

가운데 원천 기술을 가장 많이 보유한 미국과 일본, 유럽 국가들과의 경제외교 협력 체계를 적극적으로 만들겠다는 계획이다. 특히 미국과는 경제·안보 2+2 회의를, 한일관계 개선을 전제로 한·미·일 경제·안보 2+2+2 장관(외교·경제 장관) 회의 추진 계획도 밝혔다.

중국과는 고위급 전략 대화 등을 활용한 전략물자 수급 협의 활성화를 도모한다. 국무총리 직속 신흥안보위원회(ESC)를 설치해 부처별 신흥 안보 대응을 조정하고 지원하는 역할도 부여할 예정이다. 이 밖에도 기존 재외동포재단을 흡수해 재외동포청을 새롭게 설립하고, 세계한상대회와 세계한인무역협회 네트워크 등을 적극 지원한다.

국방 분야에서는 AI 과학기술을 기반으로 한 '강한 군대' 육성, 한미 군사동맹 강화를 통한 북핵·미사일 위협 대응, 미래 세대 맞춤형 병영 체계 마련, 민·군 상생 복합타운 건설이 공약으로 들어갔고, 국가를 위해 희생한 분들에 대한 예우 강화 차원에서 병사 월급 200만원 보장, 군 복무 경력 법제화 추진은 물론, 직업군인 처우 개선과 초급 간부 복무 여건 개선도 약속했다. 여기에 더해 국가유공자 보훈보상 체계 개편, 보훈 사각지대 해소, 국가유공자 의료 지원 사각지대 해소, 제대군인 사회 복귀를 위한 실질적 지원 방안 마련 등도 더해진다.

심쿵 약속 · 59초 쇼츠 등 생활밀착형 공약도

윤석열 대통령 당선인의 공약집은 10대 공약으로 불리는 국정 운영의 큰 줄기에 중요한 포인트들이 더해지고, 여기에 '59초 쇼츠'와 '석열 씨의 심쿵 약속'에서 나온 생활밀착형을 합한 구조로 구성됐다. 이를테면 워킹맘과 워킹대디가 자녀와 더 많은 시간을 보낼 수 있게 하기 위해서 아이 돌봄 서비스 강화나 육아휴직 기간 확대를 골자로 한 심쿵 약속이 들어갔고, 자궁경부암(HPV) 예방접종 무료 실시를 남녀 무관하게 전면 확대하는 공약은 청소년 공약으로 포함됐다.

산후우울증 관리를 위한 지원 확대는 엄마 아빠 공약에 들어갔다. 반려동물 놀이터 등 쉼터 확대와 같은 공약도 반려동물 공약에 포함됐다. 장애인 저상버스 확대를 주제로 내놨던 '59초 쇼츠'는 장애인의 이동권을 확대하기 위한 공약에서 활용된다. 기존 시내버스뿐 아니라 지역 간 연결 수단인 고속버스 등에도 휠체어 등이 진입할 수 있게 하자는 것이다.

이처럼 공약집에 포함된 것도 있지만, 그러지 않은 것도 꽤 된다. 그중에서 예상외로 상당한 호응을 얻은 몇몇 공약이 있다.

가장 대표적인 것이 담뱃세를 활용해 흡연 부스를 지원하자는 공약이다. 흡연자들이 담배를 구입할 때 포함돼 있는 담뱃세 일부를 흡연 부스 및 재떨이 설치에 쓰겠다는 것인데, 흡연자 권

윤석열 당선인이 2022년 1월 중소기업 현장인 인천 남동구 경우정밀을 찾아 프레스 기계를 시연하고 있다.

익 보호와 함께 비흡연자들을 담배 연기로부터 분리할 수 있다는 점에서 호응을 얻었다. 윤 당선인은 "무조건 흡연자들을 단속·규제하는 것이 아니라, 흡연자들에게 필요한 최소한의 흡연 구역을 제공함으로써 흡연자와 비흡연자 간의 사회 갈등을 줄여갈 계획"이라고 설명한 바 있다. 흡연 부스 설치를 위해 세금이 소요되지만, 이 재원을 흡연자들이 내는 담뱃세를 통해 마련한다는 점에서 반응이 좋았다. 2035년 이후 내연기관차 등록을 아예 없애, 점차 전기자동차와 수소차 등 친환경 에너지 차만 다니게 하자는 환경 분야 계획을 밝혔던 윤 당선인은 59초 쇼츠에서 전기자동차 충전 요금 5년 동결을 강조하면서 같은 결의 공약을 내놓기도 했다. 전기자동차 기술이 발전하는 것도 중요하지만, 일반 사람들이 전기자동차 등 친환경 차량을 타는 데 대한 불편함과 비용 부담을 줄여야 중장기적으로 확대될 수 있다는 데서 나온 아이디어다.

법인 차량 번호판의 색상을 구분하는

석열씨의 심쿵약속

1 전기차 충전요금 5년간 동결

2 반려동물 쉼터 확대

3 반려묘 등록 의무화

4 온라인 부동산 등기부등본 열람 · 발급 무료

5 건강진단결과서(보건증) 발급비용 무료화

6 영문 PCR 검사확인서 보건소에서 최소비용 발급

7 초등학생 아침밥 방학 점심밥 급식 지원

8 등 · 하원 도우미 소득공제 추진

9 워킹맘 · 워킹대디 자녀와의 시간 보장

10 수능응시료 · 입학전형료 세액공제 적용

11 자궁경부암 예방접종 비용 지원

12 산후우울증 진료 지원 확대

13 예대금리차 공시 및 금융소비자보호 제도 도입

14 은행 모바일 OTP 사용 의무화

15 대형마트 종이박스 자율포장대 복원 및 개선

16 온라인게임 본인 인증 절차 개선

17 군대 격오지에 이동형 원격진료 확대

18 응급환자 이송 위한 닥터헬기 확대

19 소방공무원 심신건강 예산 확대

20 연속혈당측정기 건강보험 적용 확대

21 실내체육시설 이용료 소득공제 적용

22 법인차량 번호판 색상 구분

23 싱크홀 예방 관련 예산 확대

24 택시 운전석 보호 칸막이 설치 지원

25 나이 기준 국제표준으로 통일

26 수사기관에 개인 통신자료 제공 시 본인 알림

27 장애인 저상버스 확대

28 망가진 공영방송 정상화

29 공직자 재산공개 DB 일원화

30 토익 · 한국사 공인성적 인증기간 연장

공약도 반응이 좋았다. 일부 계층에서 슈퍼카 등을 법인 명의로 구입해 개인적으로 타고 다니는 것을 막기 위해 나온 생각인데, 이는 국민의힘 정책 공모전에서 수상한 아이디어이기도 하다.

나이 기준을 국제표준으로 통일하자는 정책 제안도 반향이 있었던 공약이다. 우리나라는 만 나이와 이른바 '한국 나이'가 혼용돼 쓰이고 있는데, 국제표준을 도입해 헷갈리지 않게 하자는 것이다. '작지만 콕 집은' 공약으로 사람들의 공감대를 불러일으킨 공약 중 하나다.

확 내려갔던 기준금리가 최근 다시 올라가는 추세가 되면서 사람들의 대출이자 부담은 늘었는데, 예금에 대한 이자는 그만큼 늘지 않는다는 불만을 반영한 '예대금리차 공시 및 금융소비자보호제도 도입'도 크게 재원이 들거나 실행이 어렵지 않으면서 소비자 반응이 좋았던 공약이다. 예금금리와 대출금리의 격차를 꾸준히 공시하게 함으로써 금융기관들이 지나친 수익 위주의 경영을 '지양'하게 하고, 소비자들에게 이를 투명하게 공개하자는 차원이다.

이 밖에도 전기자동차 충전을 동네 주유소에서도 가능하게 하자는 안이나 연속혈당측정기 건강보험 적용, 음주운전 척결에 주세 활용, 수능 응시료와 입학 전형료에 대한 세액공제 적용, 소방공무원의 심신 건강을 위한 예산 확대, 퇴직금에 부과된 소득세 폐지, 토익·한국사 등 공인성적 인정 기간 연장 등은 쉽게 이해할 수 있으면서도 생활에 와닿은 '심쿵 약속'으로 꼽힌다. '59초 쇼츠'에서는 고의로 양육비를 내지 않는 이른바 '배드파더스'에 대한 대책으로 정부가 양육비를 일단 선지급하고, 이후 이를 '배드파더스'에게 추징한다는 내용의 공약도 발표했다. 윤 당선인의 공약집 맨 마지막 부분은 '석열 씨의 심쿵 약속'과 '59초 쇼츠'를 그래픽화해 보여주는 것으로 정리된다.

윤석열 시대 파워엘리트

국회의원 · 정치권

강석훈
후보 비서실 정무실장/전 국회의원

윤석열 정책 수립의 핵심 브레인

19대 총선에서 서울 서초을에 출마해 당선했던 강석훈 정무실장은 20대 총선에서는 당내 경선 결과 박성중 의원에게 밀려 출마하지 못했다. 2016년 대통령비서실 경제수석비서관에 임명됐고 21대 총선 때 다시 당내 경선에서 박성중 의원과 맞붙었지만 소수점 자리까지 동률을 기록해 재경선에 들어간 끝에 근소한 차이로 최종 탈락했다. 이후 윤석열 캠프 비서실 내 정무실장으로 합류했는데 윤석열 당선인이 경제 분야에 약하다는 단점을 보완하기 위해 경제 정책 조언을 했다. 선거대책위원회 정책본부보다 실제 정책 수립에 더 많은 영향을 준다는 분석도 있었다. 유승민 전 의원과는 대구경북(TK) 출신인 데다 서울대 경제학과와 위스콘신대 경제학과 동문의 경제학자라는 공통점을 가지고 있다.

출 생 1964년 경북 봉화
학 력 서울 서라벌고, 서울대 경제학과
경 력 전 국회의원, 전 대통령비서실 경제수석, 국민의힘 윤석열 후보 비서실 정무실장

권성동
전 사무총장/국회의원
'고향 친구'에서 '윤핵관'으로 거듭난 4선 중진

강원 강릉을 지역구로 둔 4선 의원이다. 2016년 탄핵 정국 당시 법제사법위원장으로서 국회를 대리해 탄핵소추위원을 맡았다. 대표적인 비박계로 2017년 바른정당 창당에 나서기도 했다. 줄곧 당내 비주류였지만 대선을 앞두고 윤석열 당선인이 국민의힘에 입당하면서 입지가 달라지기 시작했다. 윤 당선인과는 1960년생 동갑내기로 강릉에서 어린 시절을 함께 보낸 죽마고우다. 윤 당선인이 검찰총장에서 사퇴한 뒤 처음 만난 현역 의원이며, 직접 대선 출마를 권유하기도 했다. 장제원 · 윤한홍 의원과 함께 이른바 '윤핵관 3인방'이라고도 불렸다. 윤 당선인은 대선을 앞두고 선거자금을 총괄하는 사무총장직에 권성동 의원을 임명하며 '복심'임을 입증했다. 2022년 초 선거대책위원회 개편 과정에서 백의종군을 선언해 선대본부 내 직함은 없어졌지만, 윤 당선인 대권 가도에 핵심 역할을 수행했다는 점에 대해서는 당내 이견이 없다.

출 생 1960년 강원 강릉
학 력 강릉명륜고, 중앙대 법학과
경 력 전 인천지방검찰청 검사, 18~21대 국회의원, 전 국민의힘 사무총장, 전 국민의힘 중앙선거대책위원회 종합지원총괄본부장

권영세
선대본부장 겸 사무총장/국회의원

선대본부장, 사무총장 중책 견뎌낸 '승리 주역'

엘리트 검사 출신으로 유력한 대선후보였던 이회창 한나라당 총재에게 발탁되며 정계에 입문했다. 2002년 재보궐선거 당선을 시작으로 17·18대 총선에서 서울 영등포을 지역구에서 내리 당선되며 3선 의원이 됐다. 이후 다시 변호사의 길을 걷다가 21대 총선에서 서울 용산구 지역구에 출마해 다시 한번 승리하며 네 번째 국회의원 배지를 달았다. 윤석열 당선인의 서울대 법대 선배로 실제 학교 때도 같은 학회에 몸담은 관계로 알려져 있다. 같은 검사 출신이라는 공통점 때문에 윤 당선인이 입당했을 때 중책을 맡을 것이라는 예상이 있었지만 초기에는 위원장급의 수뇌부는 맡지 않았다. 이후 2022년 선거대책위원회가 내홍을 겪고 김종인·김병준 전 위원장이 사퇴한 뒤 새로 구성된 선대본부의 수장이 됐다. 온화한 성품으로 각계 조율에 뛰어나고 박근혜 전 대통령 선대위에서 종합상황실장을 하며 대선을 이겨본 경험이 장점이 됐다. 당 사무총장을 겸임하면서 대선 승리의 최고 주역이 됐다는 평가다.

출 생	1959년 서울특별시
학 력	서울 배재고, 서울대 법학과
경 력	전 서울지방검찰청 검사, 16~18, 21대 국회의원, 국민의힘 사무총장, 국민의힘 선거대책본부장

김경진

전 국회의원

대통령이 신뢰하는 호남 인맥의 허브

2016년 20대 총선에서 광주광역시 북구갑에 출마해 당선됐다. 국정농단 사건 청문회 당시 "～쓰까"라는 독특한 어투로 '쓰까 요정'이라는 별명을 얻었다. 호남 출신이자 진보 진영에서 국회의원을 지냈지만, 조국 사태에 대한 문재인정부의 태도와 당시 정부의 국정 운영 방향을 수용할 수 없어 대선 국면을 맞아 국민의힘으로 당적을 옮겼다. 경선 초기이던 2021년 7월 상근 대외협력특보로 윤석열 캠프에 합류했다. 윤석열 당시 대선후보가 김경진 전 의원에게 준 미션은 '밖에서 우리에 대한 비판적인 시각이 무엇인지 모아서 알려주세요'였다. 국민의힘 내 보기 드문 호남 출신으로 호남 인사를 캠프로 모셔오는 막중한 역할을 맡았다. 호남의 정치 거물인 박주선, 김동철 등의 윤석열 지지 선언을 이끌어내는 데 결정적 역할을 했다. 그만큼 윤 당선인의 신뢰가 각별할 수밖에 없다. 검사 출신으로서 업무를 처리하는 태도와 방식이 윤 당선인의 공감대를 얻었다는 분석도 있다.

출 생 1966년 전남 장성
학 력 광주 금호고, 고려대 법학과
경 력 서울중앙지방검찰청 검사, 20대 국회의원, 전 국민의당 원내대변인, 국민의힘 선거
        대책본부 상임공보특보단장

김기현
원내대표/국회의원
국민의힘 대표 '갈등 조율사'

판사 출신으로 2021년 국민의힘 원내대표 선거에서 결선투표 끝에 당선됐다. 울산 남을 지역구에서 17 · 18 · 19 · 21대 국회의원에 당선되며 4선 중진의 자리에 올랐다. 2014년 6회 지방선거에서 울산시장직에도 올랐는데 민선시장 선거 사상 최고 득표율인 65.4%를 기록했다. 2018년 지방선거에서는 송철호 더불어민주당 후보에게 져 시장 자리를 내줬다. 선거 직전 측근들이 비리 혐의로 수사를 받게 된 점이 악재가 됐다. 이후 연루된 측근들은 무혐의 처리됐고 청와대가 김기현 당시 울산시장의 낙선을 위해 하명수사를 지시한 것 아니냐는 의혹이 일었다. 온화한 성품으로 당내 갈등 중재에 적역이라는 평가다. 실제 윤석열 당시 대선후보와 이준석 국민의힘 대표가 '윤석열 핵심 관계자' 문제 등으로 갈등을 빚었을 때도 중재에 나서며 대선 승리에 공을 세웠다는 평가를 받는다. 야당인 민주당보다 훨씬 적은 의석수의 여당 원내 살림을 이끌면서 정국 주도권을 가져와야 하는 숙제를 안고 있다.

출 생   1959년 울산광역시
학 력   부산 동고, 서울대 법학과
경 력   전 부산지방법원 판사, 17~19, 21대 국회의원, 국민의힘 원내대표, 울산총괄선거
대책위원장

김도읍

전 정책위의장/국회의원

때론 '공격' 때론 '수비'...멀티형 정치인

검사 출신으로 19 · 20 · 21대 총선 부산 북강서을 지역구에서 당선되며 3선 의원 고지에 올랐다. 2019년 황교안 당시 자유한국당 대표의 비서실장을 맡았다가 단식 투쟁 뒤복귀한 황 전 대표가 당 쇄신을 선언하자 당직자 34명과 함께 사퇴했다. 2021년 국민의힘 정책위원회 의장에 올라 같은 고교 출신인 김기현 원내대표와 함께 원내지도부로호흡을 맞췄다. 특히 이준석 대표에 대해 당내 비판 여론이 일었을 때 이를 방어하며 당의 중심을 잡는 데 일조했다. 2022년 1월 윤석열 당시 대선후보 선거대책위원회 내홍사태에 책임을 지겠다며 정책위의장에서 물러났지만 윤석열 당선인과 이 대표 양측의 신뢰를 함께 받으며 여전히 핵심 전략통으로 손꼽힌다. 2021년 6월까지 국민의힘 법제사법위원회 간사를 지내며 고위공직자범죄수사처 등 다양한 이슈에서 더불어민주당 '공격수' 역할을 맡았다.

출 생   1964년 부산광역시
학 력   부산동고, 동아대 법학
경 력   서울중앙지방검찰청 검사, 19~21대 국회의원, 전 국민의힘 정책위원회 의장

김미애
약자와의동행위원장/국회의원

윤석열의 따뜻한 약자 동행인

가정 형편이 좋지 않아 포항여고를 중퇴하고 방직공장 여공으로 일하는 등 소위 말하는 '흙수저' 출신의 입지전적 국회의원이다. 뒤늦게 대학에 입학했고 사법고시에 합격해 국선변호인으로 활동한 법조인 출신이다. 변호사가 된 뒤에는 보호소년과 미혼모 등 사회적 약자에게 각별한 관심을 쏟으며 이들을 위한 변호를 하는 등 여성, 아동, 인권 분야에서 활발히 활동했다. 조카 2명과 입양아 1명을 포함해 세 아이를 키우는 미혼모라는 타이틀도 있다. 21대 총선 부산 해운대을 지역구에서 당선돼 국회로 들어온 뒤 김종인 비상대책위원회 체제에서 비대위원이자 약자와의동행위원장으로 당의 쇄신을 이끌었다. 윤석열 선거대책본부에서도 '약자와의동행위원회'를 맡아 윤석열 당선인의 약자를 위한 정책을 내놓으며 호응을 이끌어내고 있다.

출 생   1969년 경북 포항
학 력   포항여고, 동아대 법학과
경 력   44회 사법고시, 21대 국회의원, 국민의힘 약자와의동행위원회 위원장

김병민
대변인

윤석열 알리는 '현장 대변인'

2010년 5회 전국동시지방선거에서 서울 서초구의회 의원으로 출마해 당선된 뒤 2015년 여의도연구원 정책자문위원으로 활동했고 2018년부터 2년 동안 국회 정치개혁특별위원회 자문위원으로 활동했다. 21대 총선에 출마해 미래통합당에서 광진갑 지역구에 공천됐지만 아깝게 낙선했다. 그 대신 다음달 김종인 전 국민의힘 비상대책위원장의 비대위원으로 선임돼 김종인 키즈의 위상을 다시금 과시했다. 이듬해 윤석열 당선인이 국민의힘 대선후보로 출마하자 윤 캠프 초창기 대변인으로 합류한 뒤 대선 완주까지 동행했다. 김병민 대변인은 특히 윤 당선인의 매 지방 유세 일정을 수행하면서 윤 당선인 지지자들에게 인기도 많아졌는데, 사진 한번 같이 찍자는 지지자들에 의해 현장 수행에 차질이 생길 뻔한 해프닝이 일어나기도 했다. 후보 수행이나 대변인 역할 외에도 방송 출연을 전담하고 있는데 논리적이고 말에 뼈가 있는 언변으로 방송계에서도 인기가 많다.

출 생 1982년 서울특별시
학 력 서울 대원고, 경희대 경제통상학부
경 력 전 서초구의회 의원, 전 국민의힘 비상대책위원회, 국민의힘 선거대책본부 대변인

김병준
전 국민의힘 선대위 상임선대위원장
대통령이 신뢰하는 '정책 멘토'

2004년 노무현정부 청와대 정책실장을 맡았다. 진보진영에서 청와대 요직을 지냈지만 비교적 합리적인 정책을 중시해 중도층을 포용할 수 있는 인물로 꼽힌다. 박근혜 전 대통령이 2016년 탄핵 정국을 돌파하기 위해 국무총리 후보자로 지명했으나 당시 야권의 대통령 2선 후퇴 압박이 거세지자 6일 만에 지명을 철회했다. 2018년 국민의힘 전신인 자유한국당이 지방선거 참패 이후 당의 쇄신을 이끌 인물로 비상대책위원장에 임명했다. 2020년 21대 총선 때 세종 지역구에 출마했다가 낙선했다. 2021년 11월 윤석열 당시 국민의힘 대선후보가 선거대책위원회 상임선대위원장에 발탁했다. 윤 당선인은 "우리나라의 대표적인 '정책통'이며 정권 교체를 하는 데 큰 역할을 할 분"이라고 평했다. 이후 2022년 1월 선대위 쇄신 과정에서 상임선대위원장직을 자진 사퇴했지만 대통령과 차 한 잔 놓고 수 시간 대화할 정도로 대통령과 '코드'가 맞는 인물로 꼽히는 만큼 정책 멘토 역할을 할 것으로 예상된다.

출 생 1954년 경북 고령
학 력 대구상고, 영남대 정치학 학사
경 력 국민대 명예교수, 전 대통령 정책실장, 전 국민의힘 선거대책위원회 상임선대위원장

김석기

국회의원

윤석열의 재외동포 지지 '선봉장'

경찰 마스코트, 포돌이를 만든 주인공이다. 1999년 서울지방경찰청 방범지도과장 시절 포돌이를 제안했다. 경찰공무원 출신 국회의원으로 노무현정부 때 경북지방경찰청장, 대구지방경찰청장, 경찰종합학교장을 거쳐 이명박정부 초기인 2008년 경찰청 차장, 서울지방경찰청장을 지냈다. 이후 경찰청장에 내정됐으나 2009년 1월 용산 철거과정에서 빚어진 참사의 책임을 지고 경질됐다. 경찰을 떠난 후에는 한국자유총연맹 부총재로 일하다가 2011년 주 일본 오사카 총영사관 총영사를 역임했다. 2012년 19대 국회의원 선거에서 새누리당 공천을 받지 못하고 무소속으로 경북 경주 선거구에 출마했으나 2위로 낙선했다. 이후 2013년부터 2015년까지는 한국공항공사 사장을 지냈다. 2016년 20대 국회의원 선거에서 현역 의원이었던 정수성을 제치고 공천을 받아 새누리당 후보로 경주 선거구에 출마해 당선됐다. 박근혜 전 대통령 탄핵 정국 당시에는 가장 먼저 탄핵 반대 의사를 표시했다. 문재인정부에 들어서는 조국 전 법무부 장관이 임명된 것에 항의하며 2019년 삭발식을 했다. 국민의힘 재외동포위원장으로서 윤석열 캠프의 글로벌비전위원회에서 재외동포 관련 지지를 이끌어내는 데 역할을 했다.

출 생 1954년 경북 경주
학 력 대구 대륜고, 영남대 행정학과
경 력 서울지방경찰청장, 일본 오사카 총영사, 20 · 21대 국회의원, 국민의힘 조직부총장

김수민

전 국회의원

뻔하지 않은 홍보 전략가

야권의 자타공인 홍보·디자인 전문가로, 윤석열 캠프에서도 과거의 틀에 박힌 선거 현수막과 다른 감성적인 접근을 시도했다. 그의 아이디어로 여의도 당사 외벽에는 후보 기호와 이름 없이 오로지 어린아이가 윤석열 당선인 얼굴을 감싸 쥔 사진과 '아이 낳고 살만한 세상이라 느꼈으면'이라는 후보 워딩만 내걸리기도 했다.

디자인 전문 벤처기업 '브랜드호텔' 대표에서 정치인으로 변신한 건 2016년. 안철수 당시 국민의당 대표와의 인연으로 영입돼 만 30세에 당시로선 최연소 비례대표 국회의원으로 이름을 올렸다. 총선 비용 리베이트 의혹으로 기소되며 고초를 겪었지만 최종 무죄가 확정됐다. 2020년 21대 총선에선 국민의힘 전신인 미래통합당의 영입 제안을 받아들여 충북 청주청원 공천을 받았지만 낙선했다. 당의 총선 대패 이후 김종인 비상대책위원회 체제에서 홍보본부장을 맡아 '국민의힘'으로의 당명 변경과 홍보 업무 전반 등 당재건 실무에 참여했다.

부친은 신한국당에서 14대 비례대표 국회의원을 지낸 김현배 도시개발 대표이사다.

출 생 1986년 충북 청주
학 력 청주 일신여고, 숙명여대 시각영상디자인학과
경 력 브랜드호텔 대표이사, 국민의당 홍보위원장, 20대 국회의원, 바른미래당 최고위원, 미래통합당 홍보본부장

김용남
전 대변인

윤석열 선대위의 든든한 입

2021년 국민의힘 대선후보 경선이 한창이던 시절, TV토론 과정에서 윤석열 당선인의 손바닥 '王' 자 논란이 일었다. 당시 김용남 전 대변인은 "만일 진정한 주술적 의미였다면 매직으로 썼을 리 없다"며 논리적인 항변을 내놓았다. 상대 후보 진영에서 비판도 했지만 윤 당선인을 보좌하는 데 상당한 역할을 했다는 평가를 받았다. 법조인 출신으로 서울대 법대 재학 중 34회 사법시험에 합격하고 서울중앙지방검찰청과 수원지방검찰청 부장검사를 지냈다. 2012년 새누리당에 입당했다. 19대 총선에서 출마한 수원갑에서 이찬열 민주통합당 후보에게 밀려났다. 박근혜 당시 대선 후보 시절에는 수원 선거대책위원회 공동위원장을 맡았다. 이후 법무법인 일호 대표변호사로 활동하다 2014년 상반기 재보궐선거 수원병에서 손학규 새정치민주연합 후보를 꺾고 당선됐다. 이후 19대 국회 환경노동위원회 위원으로 활동했다. 20대 총선에서도 같은 선거구에 새누리당 후보로 출마했으나 민주당 김영진 후보에게 밀려 낙선했다. 2018년 지방선거에서 경기도지사 출마를 희망했으나 현역 도지사인 남경필에게 밀려 공천을 받지 못했다. 21대 총선에서도 현역인 김영진 의원과 리턴매치가 성사됐는데 출구조사에서는 경합이었으나, 결과는 아쉽게 낙선이었다.

출 생 1970년 경기 수원
학 력 수원고, 서울대 법학과
경 력 전 서울중앙지방검찰청 검사, 19대 국회의원, 전 새누리당 원내대변인, 전 국민의힘 선거대책위원회 상임공보특보

김용태
정책기획본부장/전 국회의원
윤석열의 정책 개발, 조율 '핵심'

서울대 정치학과를 졸업한 후 소프트웨어 기술회사를 운영하다 한나라당 여의도연구소 맡으며 정치에 입문했다. 이명박 전 대통령 인수위원회에서 전문위원 등으로 활동했으며 2008년 18대 국회의원 선거에서 당선돼 국회에 입성했다. 이 전 대통령의 대선캠프를 거친 만큼 친이계로 분류된다. 비박계로 박근혜 전 대통령의 정책과 방향에 대해 쓴소리를 아끼지 않았다. 박근혜 전 대통령 탄핵 이후 남경필 당시 경기도지사와 함께 새누리당을 탈당했으며 바른정당에 합류했다. 이후 자유한국당으로 복귀해 당 사무총장 등을 지냈다. 자유한국당 조직강화특별위원장을 역임하던 시절 스스로 당협위원장 탈락 명단에 이름을 올려 화제가 되기도 했다. 2021년 원희룡 제주도지사 캠프에 합류해 선거캠프 총괄본부장을 지냈으며 윤석열 당선인이 대선후보로 선출된 이후 선거대책본부 정책기획본부장을 맡았다. 각계 전문가들이 만드는 정책을 1차적으로 조정하는 업무로 금융과 경제 분야 이해도 역시 높다는 평가다.

출 생 1968년 대전광역시
학 력 대전고, 서울대 정치학과
경 력 전 자유한국당 사무총장, 18·19·20대 국회의원

김은혜

공보단장

'대장동 의혹' 파헤친 공격수

1993년 MBC 기자로 입사해 지존파 연쇄살인 사건 최초 보도, 삼풍백화점 붕괴 사고 당시 사건 원인 특종 보도 등으로 이름을 날렸다. 이후 여기자 중 최초로 1999년 MBC 뉴스데스크 앵커를 맡았고 2008년 청와대 제1부대변인으로 공직 생활을 시작했으며 2012년 KT 커뮤니케이션실 전무로 2년 동안 근무했다. 이후 2014년 MBN 앵커로 방송에 복귀했다가 21대 총선에서 경기 성남 분당갑에 전략 공천됐고 1128표 차이로 김병관 더불어민주당 후보를 이겼다. 판교에선 공공주택지구 건설 반대 공약을 내세워 부동산 이슈를 잡았고 윤석열 후보 캠프에 들어오기 전엔 국토교통위원회에서 이재명 대선후보의 대장동 사업 특혜 의혹을 추궁하는 역할을 했다. 이후 대장동 의혹과 관련한 모든 제보는 김은혜 단장 의원에게 들어간다는 후문이다. 12월 국민의힘 선거대책위원회 공보단장으로 임명됐다. 김 단장은 100분 토론에 나가서도 최근 여성가족부 폐지나 젠더 갈등 이슈에 대해 논리적으로 토론을 펼쳐 압승을 거뒀다는 평가가 나왔다. 차기 지방선거에선 유력한 경기도지사 후보로 점쳐지고 있다.

출 생 1971년 서울특별시
학 력 서울 정신여고, 이화여대 신문방송학과
경 력 전 MBC 기자, 전 MBN 앵커, 이명박정부 청와대 대변인, 국민의힘 선거대책위원회 공보단장, 21대 국회의원

김재원
선대위 클린선거전략본부장/최고위원

최고위원으로 돌아온 '원조 친박'

2004년 총선에서 승리해 국회에 입성한 김재원 최고위원은 2007년 한나라당 대선 당
내 경선에서 박근혜 후보 측 대변인으로 활동하며 대표적인 친박 인사로 꼽혀왔다. 이후
에도 두 차례 더 국회의원을 지냈지만 2020년 총선에서 원래 지역구인 상주군위 공천에
서 컷오프되고 서울 중랑을 당내 경선에서 떨어졌다. 그러나 이듬해 6월 국민의힘 최고
위원 경선에 출마했고 6만2487표를 득표해 전체 3위로 최고위원에 당선됐다. 이후 다
양한 방송활동을 하며 본인의 존재감을 키웠고, 김종인 전 비상대책위원장을 윤석열 선
거대책위원회 총괄선대위원장으로 영입하기 위해 여러 차례 접촉하기도 했다. 이후 곽
상도 전 의원의 사퇴로 공석이 된 대구 중남 재보궐 출마를 선언했다. 하지만 당의 중남
구 무공천 방침이 나오자 무소속으로 출마하겠다는 의사를 밝혔지만, 당에서 탈당자가
당선돼도 복당은 없다고 천명하면서 결국 불출마를 선언했다.

출 생 1964년 경북 의성
학 력 대구 심인고, 서울대 법학과
경 력 전 서울중앙지방검찰청 검사, 전 대통령비서실 정무수석, 국민의힘 최고위원, 국
민의힘 선거대책본부 클린선거전략본부장, 17·19·20대 국회의원

김진태
이재명비리국민검증단장/전 국회의원
이재명 저격수로 돌아온 청문회 저격수

3선 의원 출신으로 친박 정치인으로 유명하다. 청문회에서도 항상 존재감을 드러내는데 2019년 검찰총장 청문회에서 윤석열 당시 후보자에게 윤우진 사건 등을 강하게 캐물으며 주목을 받았다. 2020년 총선에서도 강원 춘천철원양천에 출마했지만 떨어졌다. 이후 과거와 다르게 강성 발언 등을 자제하던 중 대선 국면에서 국민의힘 이재명비리국민검증특별위원회 위원장으로 임명됐다. 사법연수원 18기로 이재명 대선후보와 동기생인 것을 감안하면 상당히 '꼬인' 인연이다. 언론 매체에서는 '저격수' 이미지가 강하지만 주변 사람들에게서 "사석에서 만나면 샤이한 면도 있고, 굉장히 원칙적이며 합리적"이란 평가가 의외로 많이 나오는 정치인이다. 친박이라는 꼬리표를 달고 있지만 홍준표 의원은 "김진태 본인이 수차례 친박이 아니라고 말해왔다"고 한다. 실제로 다른 정치인처럼 박근혜 전 대통령을 무조건 옹호하기보다 국회 법제사법위원회 절차와 법원에 제출된 증거에 대한 의문을 구체적으로 제기하고는 했다.

출　생　1964년 강원 춘천
학　력　춘천 성수고, 서울대 법학과
경　력　전 서울중앙지방검찰청 검사, 전 새누리당 원내부대표, 국민의힘 선거대책본부 이재명비리국민검증단장, 19 · 20대 국회의원

김철수

에이치플러스 양지병원 이사장

25년 뚝심의 후원가

1997년 국민의힘 전신인 한나라당 때부터 당을 지켜온 최장기 후원인이다. 호남 출향민으로 1976년 서울 관악구에 '김철수 내과'를 개업한 뒤 1980년 현재의 개인 종합병원 형태로 규모를 키웠다. 김철수 이사장은 17·18대 총선에서 한나라당 소속으로 관악을에 출마하기도 했지만 낙선했다. 직후 19·20대 총선에선 오신환 전 의원이 같은 당인 새누리당·미래통합당 소속으로 당선된 그 지역구다. 2016년 20대 총선에선 새누리당 비례대표 18번에 올랐지만 그의 바로 앞인 17번까지만 국회의원에 당선되면서 또다시 아쉽게 떨어졌다.

국회의원 선출에는 번번이 고배를 마셨지만 당의 재정을 총괄하는 재정위원장·후원회장직을 여러 차례 맡았다. 이번 대선에서 '시민 참여형'으로 꾸려진 국민의힘 중앙당 후원회 발족식에 참석해 "국민 여러분의 생생한 목소리를 정책과 공약에 반영해서 따뜻한 사랑을 받는 국민의힘으로 만들겠다"는 포부를 밝혔다.

출 생 1944년 전북 김제
학 력 익산 이리고, 전남대 의과대학 학사, 서울대 대학원 내과 석사, 단국대 대학원 복지행정 박사, 경희대 대학원 법학 박사, 고려대 대학원 의학 박사
경 력 한국항공우주의학협회장, 제33대 대한병원협회장, 대한에이즈예방협회장, 민주평화통일자문회의 의료봉사단장, UN피스코 의료봉사단장

김재식

법무법인 에이펙스 변호사

대장동 '그분' 파헤친 수사력

국민의힘에서 원희룡 정책본부장과 함께 '대장동 게이트'를 파헤치면서 이재명 더불어 민주당 대선후보 저격수로 활동했다. 국민의힘 대선 경선에선 원희룡 당시 후보의 캠프에 합류해 '화천대유 의혹 규명 태스크포스(TF) 단장'으로 조력했는데, 제주도지사였던 원 후보가 '대장동 1타 강사'로 유명해지는 데도 역할을 했다. 이후 윤석열 캠프의 정책 대외협력실장으로 합류해 대장동 의혹 관련 제보를 수집하고 사실관계를 확인·분석하며 언론과 소통하는 일을 맡았다. 20년 넘게 변호사 경력을 쌓았는데 2012년엔 이명박 전 대통령 내곡동 특검 특별수사관으로도 참여했다. 2020년 21대 총선에서 국민의힘 전신인 미래통합당 소속으로 서울 구로갑 공천을 받았지만 현역 이인영 민주당 의원과 겨뤄 낙선했다.

출 생 1970년 전남 장성
학 력 광주 대동고, 서울대 정치학과
경 력 41회 사법고시, 대한변호사협회 인권위원, 국민의힘 부대변인, 국민의힘 구로갑 당협위원장

김태호
국회의원

화합 강조한 경남의 '맹주'

2020년 21대 총선 경남 산청함양거창합천 지역구에서 당선되며 18·19대에 이어 세 번째 배지를 달았다. 경남도의회 의원과 거창군수, 경남도지사를 지내는 등 경남 지역 지지세가 두터운 정치인이다. 2010년 당시 이명박 대통령이 국무총리 후보자로 지명하며 39년 만에 40대 총리 후보자로 뜨거운 관심을 모았지만 3주 만에 자진 사퇴했다. 20대 대선후보 국민의힘 경선에도 출사표를 던졌다가 중도 사퇴했다. 윤석열 당선인이 당 후보가 된 뒤 선거대책위원회에 합류하지 않고 경남 지역에서 측면 지원에 힘썼다. 2021년 11월 윤 당선인과 이준석 대표 간에 갈등이 커졌을 때는 "이번 대선은 차포 떼고 이길 수 없다"고 말하며 화합을 강조했다.

출 생 1962년 경남 거창
학 력 거창 농림고, 서울대 농업교육학과
경 력 전 경남도지사, 18·19·21대 국회의원, 전 경남 총괄선거대책위원장

나경원

전 자유한국당 원내대표

보수진영의 대표적 여성 정치인

판사 출신으로 이회창 전 총재의 권유로 한나라당에 입당한 뒤 이회창 대선후보 특별보
좌관을 지냈으며 이후 4선을 한 중진 의원이다. 한나라당 시절 대변인과 최고위원을 거
쳐 자유한국당 원내대표를 맡았다. 2018년 김학용 의원을 꺾고 원내대표에 선출됐다.
원내대표로서 거대 여당 더불어민주당의 공수처법 등 각종 입법을 저지하는 데 노력했
다. 2021년 서울시장 재보궐선거 당내 경선과 당대표 선거에 잇달아 출사표를 던졌지
만 당선엔 실패했다. 윤석열 당선인의 서울대 법대 후배로 역시 서울대 법대 출신인 남
편이 김재호 판사가 윤 당선인과 막역한 사이인 것으로 알려져 있다. 이런 배경 때문에
선거대책위원회 중책을 맡을 것으로 예상됐지만 "백의종군하겠다"는 뜻을 밝히며 외곽
지원에 힘썼다.

출 생 1963년 서울특별시
학 력 서울여고, 서울대 법학과
경 력 전 서울행정법원 판사, 17−20대 국회의원, 전 국민의힘 서울시장 후보, 전 자유
한국당 원내대표, 국민의힘 서울총괄선대본부장

박대출
유세본부장/기자
'어퍼컷' 살리는 유세차 전문가

서울신문 정치부 기자 출신으로 기자 생활은 24년 했다. 정치부장과 논설위원 등을 지낸 이후 경남 진주에서 '진주 중앙시장 포목점 아들'임을 내세우며 진주 토박이 매력으로 19 · 20 · 21대 국회의원을 역임했다. 박대출 의원은 "한다면 한다"는 쿨한 사람으로 알려져 있는데 2019년 여야 4당이 공수처 설치 법안과 공직선거법 개정안 등을 패스트트랙을 지정한 데 반대하며 삭발한 적도 있다. 당시 박 의원이 본인 삭발 사진과 함께 올린 글자는 "근조, 20대 국회는 죽었다"였다. 이번 대선 때는 윤석열 후보 캠프에서 유세본부장을 맡았는데 안철수 후보 측의 유세버스 사고에 대해 "타 후보에게는 안타까운 사고가 났지만 저희는 무사고 유세"라고 언급하며 논란을 빚기도 했다. 박 의원은 유세 현장에서 인기가 많은 어퍼컷 세리머니를 T타입 무대로 최대한 살렸다며 유세차 운영과 총괄만큼은 이번 선거대책위원회에서 자부심을 가지고 있다.

출 생 1961년 경남 진주
학 력 경남 진주고, 연세대 정치외교학과
경 력 전 서울신문 기자, 19 · 20 · 21대 국회의원, 전 새누리당 대변인, 국민의힘 선거대책위원회 유세지원본부장

박민식
전 전략기획실장/국회의원
윤석열의 '그림자' 핵심

외무고시와 사법고시를 모두 합격해 외교관과 법조인을 두루 거친 흔치 않은 이력의 정치인이다. 검사 시절 불도저 검사라는 별명으로 2004년 황교안 당시 서울중앙지방검찰청 2차장 지휘 아래에서 김대중정부 국정원장을 지낸 임동원·신건 전직 원장을 기소해 이름을 알렸다. 이후 검사를 그만둔 뒤 변호사로 활동하던 도중 2008년 한나라당 부산 북강서갑 공천을 받아 출마해 당선됐다. 2012년 19대 총선에서도 같은 지역구에 출마해 재선에 성공했지만 2016년 3선 도전에서 전재수 더불어민주당 후보에게 패배해 낙선했다. 2020년 21대 총선에서도 전재수 후보에게 다시 패배해 고배를 마셨다. 20대 대선 경선에서는 일찌감치 윤석열 캠프에 합류해 핵심 실무 역할을 담당했는데 눈에 띄는 직함을 맡지 않아 '그림자 핵심'으로 알려져 있다. 윤석열 당선인이 대선후보로 선출된 뒤에는 선거대책본부 전략기획실장을 맡아 일명 '윤핵관' 중 한 명으로 거론되기도 했다.

출 생   1965년 부산광역시
학 력   부산대사범대학부속고, 서울대 외교학 학사
경 력   22회 외무고시, 전 서울중앙지방검찰청 검사, 18·19대 국회의원, 국민의힘 선거대책본부 전략기획실장

박성민

전 조직본부장/국회의원

두터운 인간관계를 자랑하는 오랜 '윤석열 측근'

윤석열 당선인이 울산지방검찰청에 근무할 당시 인연을 맺었다. 윤 당선인이 정치권에 진출한 이후에도 의논을 자주하는 것으로 알려져 '윤석열의 진짜 측근'이라는 분석이 나오기도 했다. 국민의힘 대선후보 경선 당시에는 윤석열 당시 후보의 선거대책위원회 조직1본부장을 맡는 등 중추적인 역할을 담당했다. 1995년 첫 지방선거에서 무소속으로 울산 시의원 선거에 출마했다가 낙선했다. 이후 1998년과 2002년 2006년 두 번째, 세 번째, 네 번째 지방선거에서 울산시 중구의회 의원 선거에 출마해 당선됐다. 네 번째 출마 때는 무소속에서 한나라당으로 당적이 변경됐다. 2010년 다섯 번째 지방선거에서는 한나라당 후보로 울산시 중구청장 선거에 출마했으나 조용수 무소속 후보에게 밀려 낙선했다. 하지만 이듬해 상반기 재보궐선거에서 한나라당 후보로 중구청장 선거에 출마해 당선됐다. 2014년 여섯 번째 지방선거에서도 새누리당 후보로 중구청장 선거에 당선됐다. 2018년 지방선거에서는 박태완 더불어민주당 후보에게 밀려 낙선했지만, 21대 총선에서 울산 중구에서 국회의원으로 당선됐다. 울산대 출신으로 그간 중구에서 구의회 의장과 구청장 등을 지내며 꾸준히 지역 내 기반을 닦은 영향이 컸다.

출 생 1959년 울산광역시
학 력 울산대 행정학과
경 력 전 울산광역시 중구청장, 21대 국회의원, 전·국민의힘 조직부총장, 국민의힘 원내
부대표

박진
글로벌비전위원장/국회의원

윤석열의 든든한 '외교통'

윤석열 당선인의 서울대 법대 선배다. 11회 외무고시에 합격해 외교부 사무관으로 공직 생활을 시작했다. 김영삼정부 때 대통령 비서실 공보비서관을 지내며 한국을 방문한 국빈과의 회담에서 통역을 담당하기도 했다. 1997년 이회창 당시 한나라당 총재의 공보특보를 맡으며 정계에 입문했다. 16대 국회의원 재보궐선거에서 자신의 고향이자 대한민국 정치 1번지인 서울 종로구에서 당선하며 국회에 입성했다. 18대 총선까지 내리 승리하며 종로에서만 3선을 했다. 18대 국회에서는 외교통상통일위원장으로도 활동했다. 2008년 한미의원외교협회 단장 자격으로 미국에 가서 당시 외교위원장이었던 조 바이든 미국 대통령을 독대한 일화로도 유명하다. 17대 대선 이후 이명박 대통령의 대통령직인수위원회에서 외교통일안보분과위 간사를 맡기도 했다. 21대 총선에서 지역구를 옮겨 서울 강남을에 출마해 국회로 복귀했다. 윤석열 선거대책본부에서 글로벌비전위원장을 맡았다. 윤 당선인의 글로벌 비전과 미래 전략 청사진을 제시하면서 활발히 활동하고 있으며, 든든한 외교 전문가로 윤 당선인을 보좌하고 있다.

출 생 1956년 서울특별시
학 력 서울 경기고, 서울대 법학과
경 력 11회 외무고시, 16·17·18·21대 국회의원, 전 아시아미래연구원 이사장,
　　　　국민의힘 선거대책본부 글로벌비전위원장

서일준

비서실장/국회의원

윤석열의 든든한 비서실장

경남 거제시 연초면에서 9급 공무원(면서기)으로 공직 생활을 시작해 국회의원에 오른 입지전적 인물이다. 급수 강등을 감수하면서까지 서울시청 전입을 신청해 서울시청에서 특유의 성실함으로 근무한 덕에 자치행정과와 인사과 등 요직을 거쳐 승진했다. 이명박 대통령 인수위원회에 발탁돼 청와대 총무인사팀에서 5년간 근무하기도 했다. 2013년 다시 거제로 내려와 부시장을 지냈다. 지역에서 봉사활동을 하는 등 성실함을 무기로 뛴 결과 21대 국회의원으로 당선됐다. 다양한 경험 덕에 정무 감각이 뛰어나고 업무 수행 능력과 추진력, 상황 판단력이 탁월하다는 평가를 받는다. 윤석열 선거대책본부에서 비서실장을 맡아 윤석열 당선인의 상황 대처와 발언 등에 안정감과 신속한 업무 추진력을 더했다는 평가를 받고 있다.

출 생	1965년 경남 거제
학 력	경남 마산고, 한국방송통신대 행정학과
경 력	전 이명박 대통령 총무비서관실 행정관, 경남 거제시 부시장, 21대 국회의원, 국민의힘 윤석열 대선후보 비서실장

성일종
국민의힘 선대본부 TV토론협상단장/국회의원

국민의힘 대표 '네고시에이터'

경남기업 회장과 19대 국회의원을 지냈던 고 성완종 전 의원의 동생이다. 19·20대 총선에 출마해 충남 서산태안 지역구에서 연달아 당선된 재선 의원이다. 극단적 선택을 한 형에 대한 명예 회복을 하겠다는 이유로 정치를 시작하게 됐다. 2020년 6월 북한 정권에 "자유민주주의 체제의 국민이 뽑은 대한민국 대통령 폄훼를 중단하라"는 소신 발언을 해 눈길을 끌었다. 보수 출신 정치인으로서는 이례적으로 5·18 유족회 초청을 받아 5·18 추모제에 참석하기도 하는 등 편향되지 않았다는 평가를 받는다. 2021년 서울시장 재보궐선거에서 '오세훈·안철수 단일화 협상'에 나서 승리를 이끌었고 20대 대선 정국에서도 TV토론 실무 협상을 주도하는 등 당내 대표적인 협상가로 손꼽힌다.

출 생 1963년 충남 서산
학 력 충남 서산고, 고려대 경영학과
경 력 전 엔바이오컨스 대표이사, 20·21대 국회의원, 전 새누리당 원내부대표, 국민의힘 선거 대책본부 TV토론협상단장

송언석

특별보좌역/국회의원

국민의힘 대표 '경제통' 의원

2018년 재보궐선거에서 경북 김천에 출마해 최대원 무소속 후보와 접전 끝에 493표 차이로 당선됐다. 이는 2018년 재보궐선거에서 유일한 자유한국당 당선자였다. 이후 21대 총선에서도 김천 지역구에 출마해 70%가 넘는 높은 득표율로 재선에 성공했다. 윤희숙 의원과 함께 코로나19 이후를 대비하는 경제공부 모임 결성을 주도했는데 더불어민주당 의원 일부도 참여해 눈길을 끌었다. 미래통합당 김종인 비상대책위원회 출범 이후 2020년 비대위원장 비서실장으로 임명됐다. 김종인 비대위원장을 잘 보좌하며 서울·부산 재보궐선거에서 당의 승리에 일조했다. 기획재정부 차관 출신으로 당내에서는 대표적인 경제관료 출신의 경제통·금융통으로 꼽힌다.

출 생	1963년 경북 김천
학 력	경북고, 서울대 법학과
경 력	29회 행정고시, 전 미래통합당 원내부대표, 20·21대 국회의원, 국민의힘 선거대책본 부 특별보좌역

양금희
국민의힘 선대본부 여성본부장/국회의원
여성 정치 저변 확대에 힘쓰는 숨은 일꾼

경북대 전자공학과를 졸업하고 상서여자상업고등학교에서 10년간 교사로 재직했다. 결혼 후 교직 생활을 그만두고 전업주부로 지내면서 한국여성유권자연맹 등 여러 시민단체에서 활동하던 중 2019년 당시 자유한국당에 1호 인재로 영입돼 정치를 시작했다. 영입 이후에는 자유한국당 공천관리위원장 추천위원을 지냈다. 21대 총선 출마 과정이 극적이다. 2020년 2월 대구광역시 북갑 지역구 출마를 선언했는데, 당시 현역이던 정태옥 의원과 이상길 전 대구시 행정부시장이 컷오프당하고, 북갑 전임 의원인 권은희도 개인적 사정과 여러 가지 당무로 인해 불출마를 선언하면서 기회를 얻었다. 공천에 불복한 정태옥 후보가 무소속으로 출마했으나 본선에서 무난히 당선됐다. 양금희 의원은 당선 후 당내 성폭력대책특별위원회, 약자와의동행위원회 등에서 역할을 맡고 있으며, 현재 국민의힘 중앙여성위원회 위원장으로 활동 중이다. 지역에서는 대구 도시철도 엑스코선 조기 건설을 위해 강대식, 류성걸 의원과 기획재정부 차관을 만나 간담회를 열었다. 양 의원은 대구가 MICE산업 허브가 되기 위해서는 엑스코선 건설이 필수적이라는 신념을 내세웠다.

출　생　1961년 대구광역시
학　력　대구 남산여고, 경북대 전자공학과
경　력　전 상서여자상업고 교사, 21대 국회의원, 국민의힘 선거대책본부 여성본부장

오신환

상황부실장/전 국회의원

배우 출신 정치인이자 '거물'의 핵심 스태프

배우 출신이라는 흔치 않은 이력의 정치인이다. 한국예술종합학교 1기로 배우 장동건과 동기로도 유명한데 1990년대와 2000년대 대학로 연극배우로 활동하다가 2006년 배우 생활에서 은퇴하고 정치에 입문했다. 서울시의원을 시작으로 2015년 서울 관악을 국회의원 재보궐선거에 출마해 진보세가 강한 관악에서 최초의 보수 정당 출신 국회의원이 됐다. 20대 총선에서 재선에 성공한 뒤 유승민계 소장파로 활약하다가 탄핵 정국 당시 바른정당에 합류했다. 이후 안철수계 국민의당과의 합당으로 탄생한 제3 원내교섭단체인 바른미래당 원내대표를 맡으며 패스트트랙 정국의 캐스팅보트 역할을 했다. 2019년 말 분당한 새로운보수당에 합류했고, 이후 합당한 미래통합당 소속이 됐다. 21대 총선에서 3선에 도전했지만 정태호 더불어민주당 후보에게 패배했다. 서울시장 재보선에서는 오세훈 캠프에 합류해 당선을 도왔고, 이후 대선 경선에서 유승민 후보를 도왔다. 유 후보가 낙선한 뒤에는 윤석열 후보 상황1실장으로 합류해 최측근 스태프의 역할을 이어가고 있다.

출 생   1971년 서울특별시
학 력   서울 당곡고, 한국예술종합학교
경 력   전 서울특별시의회 의원, 전 19·20대 국회의원, 전 바른미래당 원내대표, 국민의힘 선 거대책본부 상황1실장

원일희

대변인

윤석열 선대위의 '논평' 공격수

대선 과정에서 김병민 대변인이 현장 조율을, 이양수 대변인이 백브리핑 등을 주도적으로 맡을 때, 원일희 대변인은 각종 사안에 대한 논평을 집중적으로 쓰면서 윤석열 선거대책위원회의 '펜' 역할을 했다. SBS 기자이자 앵커 출신이다. 2020년까지 SBS '용감한 토크쇼 직설'을 진행했다. 2021년 10월 32년간의 기자 생활을 마무리하고 미국 샌프란시스코에서 인생 2막을 준비하던 중 국민의힘 연락을 받고 윤석열 대변인단에 합류하게 됐다. SBS 내부에서 기자 직함을 내려놓은 지 한 달도 되지 않아 정치권으로 향했다는 이유로 비판이 일었으나 윤석열 당선인이나 국민의힘과의 사전 교감은 없었던 것으로 알려져 있다. 본인 스스로도 "어떠한 경로로 내가 발탁됐는지 알지 못한다"고 언론 인터뷰에서 밝힌 바 있다. 향후 행보에 대해서는 "정치부 기자를 오래 했기 때문에 정치를 하게 될 수도 있지 않을까라고 막연한 생각은 가져본 적 있다"고 소개한 바 있다.

출　생　1965년 서울특별시
학　력　서울 배재고, 고려대 신문방송학과
경　력　전 SBS 논설위원, 국민의힘 선거대책본부 대변인

원희룡

전 제주도지사

소장파에서 잠룡으로 그리고 '윤석열의 동반자'

1964년 제주 서귀포 출신으로 학창 시절부터 수재로 이름을 날렸다. 제주제일고 수석에 이어 12차례 전국 학력고사 모두 수석, 서울대 법과대학 수석 입학까지 달성하며 '원조 공부의 신'이라는 별명을 얻기도 했다. 1995년 서울중앙지방검찰청 검사로 임관해 검사 생활을 시작했지만 4년 만에 그만둔 뒤 "합리적·개혁적 보수를 이루겠다"며 한나라당에 입당해 정치인의 길에 들어섰다. 남경필·정병국 의원과 함께 소장파 3인방 일명 '남원정'의 일원으로 당내 개혁을 시도하기도 했고, 선거에서는 서울 양천갑에서 16·17·18대까지 3선을 지내며 당내 무게감을 키웠다. 2010년 서울시장에 도전했다가 경선에서 오세훈 후보에게 고배를 마신 뒤 2014년에는 중진 차출 요구에 따라 제주도지사 선거에 출마해 당선됐고, 2018년 지방선거에서 재선에 성공했다. 정치 이력 상당 기간 대선 후보군으로 거론됐는데 지사직을 사퇴한 뒤 20대 대선 출마를 선언했다. 경선에서 탈락한 뒤에는 윤석열 후보 캠프 정책본부장을 맡아 '윤석열의 동반자'로 입지를 다졌다.

출　생　1964년 제주도
학　력　제주제일고, 서울대 법학과
경　력　부산지방검찰청 검사, 16·17·18대 국회의원, 전 제주도지사, 국민의힘 선거대
　　　　책본부 정책본부장

유상범
법률지원단장/의원

국민의힘의 대민주당 법률 공격수

서울대 법대 84학번으로 2014년 정윤회 문건 조사 당시 서울중앙지방검찰청 3차장으로 수사를 지휘한 바 있다. 2020년 자유한국당에 입당해 강원 홍천횡성영월평창 선거구에서 공천을 받게 됐고, 원경환 더불어민주당 후보를 꺾고 당선됐다. 특히 이때 친동생인 배우 유오성 씨가 유세를 도와줘 대중의 눈길을 끌기도 했다. 지난해 7월에는 국민의힘의 새로운 강원도당위원장을 맡아 정치 영역을 넓혀가고 있다. 윤석열 당선인과는 검찰에서 인연을 맺은 것으로 알려져 있어, 윤 당선인을 당에 끌어들이는 데 물밑에서 많은 역할을 한 것으로 전해진다. 실제로 페이스북에 '석열이 형'을 지지해달라는 메시지를 올려 주목을 받기도 했다. 여야의 전쟁터처럼 돼버린 법제사법위원회에서도 장제원·윤한홍·전주혜 의원 등과 대여 공격·방어 전선의 선봉장 역할을 해왔다. 선거대책위원회에서도 법률지원단장을 맡아 민주당의 네거티브 공세에 대한 법적 대응을 최전방에서 지휘하고 있다.

출 생 1966년 강원 영월
학 력 서울 경기고, 서울대 법학과
경 력 전 창원지방검찰청 검사장, 21대 국회의원, 국민의힘 선거대책본부 법률지원단장

유의동
정책위의장/국회의원
유일한 경기권 3선...수도권 선봉장

2020년 21대 총선 때 경기 평택을 지역구에서 당선되며 3선 의원 배지를 달았다. 이한동 전 국무총리의 비서관과 류지영 전 새누리당 의원의 보좌관을 지낸 당내 보좌진 출신 의원이다. 박근혜 전 대통령 탄핵 사태 때 탄핵에 찬성하고 바른정당 창당에 뛰어든 이른바 '유승민계' 의원으로 분류된다. 19대 대통령선거에 출마한 유승민 전 대표의 비서실장을 맡았다. 2021년 당 원내대표 경선에 출마했지만 낙선했다. 현재 국민의힘 경기도 의원 중 최다선으로 2022년 1월부터 정책위원회 의장을 맡고 있는데 유승민계 의원으로는 첫 주요 보직에 임명된 사례였다. 윤석열 당시 대선후보가 유 전 대표와 원팀을 구성하기 위해 유의동 의원을 정책위의장으로 선임한 것으로 해석된다. 계파를 떠나 당내에서 유일한 경기권 3선 의원이자 1970년대생으로 당의 중도층을 확장하기 위해 쓴소리를 적절히 하고 있다는 분석이다. 보좌관 출신 특유의 날카로운 질문이 특히 국정감사장에서 돋보인다는 평가를 받는다.

출 생	1971년 경기 평택
학 력	평택 한광고, 한국외대
경 력	19·20·21대 국회의원, 국민의힘 정책위원회 의장

유정복
전 공동선대위원장
윤석열 당선인 인천의 '믿을맨'

2004년 17대 총선에서 경기 김포시 국회의원에 출마해 당선된 뒤 19대까지 3선에 성공했다. 박근혜 전 대통령이 2005년 한나라당 대표를 맡았을 때 비서실장으로 발탁되는 등 대표적인 친박계 정치인으로 손꼽힌다. 2013년 안전행정부 장관을 거쳐 2014년 지방선거에서 송영길 당시 새정치민주연합 후보를 제치고 인천시장이 됐다. 윤석열 당선인과 개인적인 인연은 없는 것으로 알려졌지만 윤 당선인이 당 경선을 치를 때부터 공동선거대책위원장을 맡았다. 윤 당선인이 박 전 대통령에 대한 수사를 한 전력이 있는 만큼 친박계 대표 정치인의 합류가 경선 승리에 도움이 됐다는 분석이다. 공동선대위원장에서 물러난 뒤에는 민심의 바로미터로 불리는 인천 지역에서 표심을 얻는 데 주력했다.

출 생 1957년 인천광역시
학 력 인천 제물포고, 연세대 정치학과
경 력 행정고시 23회, 17·18·19대 국회의원, 전 안전행정부 장관, 전 인천시장, 전 국민의힘 공 동선거대책위원장

윤재옥

상황실장/국회의원

윤석열 사단 '야전지휘관'

경찰대 1기 수석 졸업으로 이름을 알린 대표적인 '경찰통' 정치인이다. 2010년 40대에 치안정감에 오르는 등 빠른 진급 과정을 거친 뒤 경찰청장 후보군으로 거론됐으나 조현오 청장이 선임되면서 경찰복을 벗었다. 이후 2012년 19대 총선에서 현역 이해봉 의원의 불출마로 비게 된 대구 달서을에 새누리당 후보로 출마해 '최초의 경찰대 출신 국회의원'이 됐다. 친박계로 거론되며 2016년 20대, 2020년 21대 총선에서도 당선되면서 달서구에서는 유일한 다선 의원이 됐다. 대구시장 후보군으로도 꾸준히 거론된다.

재선 의원이던 2017년에는 초등학생도 면허 없이 전동킥보드를 탈 수 있게 해주는 도로교통법 개정안을 발의·통과하는 데 기여했다. 20대 대선에서는 윤석열 후보 캠프의 '중추'라 할 수 있는 선거대책본부 상황실장을 지내며 야전사령관 역할을 맡았다. 윤석열 당선인 측근으로 선대본부 전략기획부총장을 맡은 이철규 의원과는 경찰청 정보국장과 경기지방경찰청장으로 인연을 맺은 바 있다.

출 생　1961년 경남 합천

학 력　대구 오성고, 경찰대 법학

경 력　전 경기지방경찰청장, 19·20·21대 국회의원, 전 자유한국당 중앙위원회 수석부
　　　　의장, 국 민의힘 선거대책본부 부본부장 겸 상황실장

윤주경

국회의원/윤봉길 의사 손녀

보수당 비례대표 1번 받은 윤봉길 친손녀

독립운동가 윤봉길 의사의 장남 윤종의 딸, 즉 윤봉길 의사의 친손녀이다. 대학 졸업 후 광고회사를 다니며 평범하게 살면서 독립운동 기념사업 등에 참가했다. 2004년에는 열린우리당 선거대책위원회에, 2007년 대선에는 정동영 캠프에 합류한 바 있다. 2020년 총선 당시 황교안 미래통합당 대표의 인재 영입 일환으로 입당했지만 여러 차례 비례대표 번호가 바뀐 끝에 결국 가장 상징성이 있는 1번을 배정받았다. 21대 총선을 통해 국회에 입성한 뒤 윤미향 사태 때 윤미향·정의기억연대 진상 규명 태스크포스(TF)에 참여했다. 지난해 6월 윤봉길 의사 기념관에서 열린 윤석열 당시 검찰총장의 대선 출마 기자회견에 참석했다. 평소 더불어민주당 지지자의 반일 프레임에 대해 "할아버지의 참뜻은 국민 분열이 아닌 통합과 자유·정의·평화"라고 반박한 바 있다.

출　생　1959년 서울특별시
학　력　서울 창덕여고, 이화여대 화학과
경　력　윤봉길 의사 손녀, 21대 국회의원, 전 윤봉길 기념사업회 이사

윤창현
정책본부 부본부장/국회의원
윤석열 경제 공약의 '주축'

서울시립대 경영학부 교수로 한국금융연구원장을 지낸 경제학자 출신이다. 이명박 전 대통령 대선캠프의 정책자문단에 참여하기도 했으며 2020년 21대 총선에서 비례대표로 국회에 입성했다. 국민의힘 가상자산특별위원회 위원장으로 활동하며 가상자산 관련 과세와 금융 감독 체계 개편의 당내 정책 뼈대를 세웠다. 가상화폐 거래 질서와 사업자 규제를 포괄한 가상자산산업기본법 제정안을 발의하기도 했다. 초선이지만 금융 분야에서의 전문성을 인정받아 윤석열 후보 선거대책본부에서 정책본부 경제본부장으로 임명됐다. 윤석열 당선인의 경제 책사로 당내 대표적인 금융 전문가로 꼽히는 만큼 선대본부에서 금융·경제 정책 분야를 담당하고 있다. 신자유주의 경제학파의 본진인 미국 시카고대에서 경제학 박사를 취득한 만큼 정부 개입을 최소화하는 자유시장적 견해가 명확한 편이다. 특히 자문그룹에서 경제 관련 공약 아이디어를 내면 이를 가공해 실제 공약으로 실현하는 능력이 뛰어났다는 평가를 받는다.

출 생 1960년 충북 청주
학 력 대전고, 서울대 물리학과
경 력 전 서울시립대 경영학부 교수, 전 한국금융연구원 원장, 21대 국회의원, 국민의힘
        선거대책본부 정책본부 부본부장

윤한홍

전략기획부총장/국회의원

'친홍' 출신 숨은 실력자

20·21대 국회의원이다. 32회 행정고시에 합격해 서울시에서 첫 공직을 맡았다. 서울시 행정과장, 기획담당관 등을 거친 뒤 이명박정부에서는 대통령실 인사비서관, 선임행정관, 행정자치비서관 등을 지냈다. 홍준표 의원이 경남도지사를 하던 2013년부터 2015년까지 행정부지사를 지내 홍 의원의 최측근이자 대표적인 '친홍' 계열 정치인으로 여겨지기도 했다. 이 때문에 20대 대선 경선에서 홍준표 대선캠프에 합류할 것으로 보였지만 윤석열 캠프에 전격 합류했다. 이후 권성동, 장제원 의원과 함께 '윤핵관 3인방'으로 불리는 등 캠프 중심부로 자리매김했다. 당시 당 전략기획부총장과 선거대책위원회 당무지원본부장을 맡았지만, 2022년 초 선대위 재편 과정에서 백의종군을 선언하며 내려놨다. 하지만 직책과 상관없이 이미 역량이 검증된 윤 당선인의 최측근이라는 점에는 의심의 여지가 없다.

출 생 1962년 경남 창원
학 력 창원 마산고, 서울대 독어독문학과
경 력 32회 행정고시, 20·21대 국회의원, 법제사법위원회 간사, 국민의힘 전략기획부
총장

윤희석
대변인
논리력 뛰어난 '냉철한' 입

기업인 출신으로, 서울대 경영학과를 졸업하고 미국 인디애나대 경영대학원을 마친 후 2003년 7월부터 2006년 12월까지 삼성전자 글로벌마케팅실에서 근무했다. 이 경력을 바탕으로 2007년 대선 한나라당 서울시선거대책위원회에서 부대변인으로 활동한 것이 정치에 입문하는 계기가 됐다. 이후 2012년 11~12월 한 달간 18대 대선에서 새누리당 박근혜 후보 중앙선대위에 합류해 부대변인으로 활약했다. 박근혜정부 출범과 함께 청와대에 입성해 대변인실과 정무비서관실 등에서 행정관으로 근무했다. 2015년 6월 청와대 퇴직 후에는 국민의힘 강동갑 당협위원장을 지냈다. 또 2020년 9월부터 이듬해 6월까지 국민의힘 비상대책위원회 대변인을 지냈다. 김종인 전 국민의힘 비대위원장 체제에서 비대위원과 간부를 지내 김종인 키즈라고 불렸고 2021년 7월 김 전 위원장의 뜻으로 윤석열 캠프에 합류했다. 같은 김종인 키즈인 김병민 대변인과도 친분이 깊다. 외곽에서 냉철하고 객관적인 시각을 갖고 국민의힘 상황을 분석했으며 방송 출연도 활발히 했다. 합류 초창기 윤석열 당선인에게 많은 애정을 받았다.

출 생 1971년 서울특별시
학 력 서울 영동고, 서울대 경영학과
경 력 전 대통령비서실 행정관, 전 자유한국당 강동갑 당협위원장, 국민의힘 선거대책본부 대변인

이두아

대변인

윤석열의 논리를 알리는 '방송 일꾼'

국민의힘 대선후보 경선 시절부터 윤석열 당시 후보를 측근에서 보좌했다. 특히 윤 후보의 방송 출연과 TV토론을 적극 도왔다. 대한변호사협회 북한 인권소위원회 간사, 북한민주화네트워크 이사, 2007년부터는 17대 한나라당 이명박 후보 인권특보, 18대 국회의원을 거쳤다. 국회 사법제도개혁특별위원회, 법제사법위원회, 정보위원회 소속으로 적극적인 활동을 한 바 있고 새누리당 원내부대표를 지내기도 했다. 윤석열 후보 선거대책위원회에선 방송 출연과 유튜브 활동을 도맡아 하고 있다. 경북 의성군 안계면이 고향이지만 대구광역시로 옮겨와 학창 시절을 보냈다. 이명박 후보 캠프에서 인권특보를 맡은 인연으로 2008년 18대 국회의원 선거에서 한나라당 비례대표 후보로 나섰으나 당선권에 들지 못했다. 그러나 2009년 이달곤 전 비례대표 의원이 행정안전부 장관에 임명되자 비례대표 국회의원직을 승계해 약 3년간 국회의원을 지냈다. 국회의원 임기 중 한미 자유무역협상(FTA) 비준을 적극 추진하는 등 활약을 했다. 19대 국회의원 선거에서는 대구시 서구 선거구에 출마를 희망했으나 공천을 받지 못했다. 이후 종합편성채널에서 정치평론가로 출연해 활동했다. 2020년 21대 총선에서도 미래통합당 대구 달서갑 공천을 희망했으나 우여곡절 끝에 출마가 무산됐다.

출 생 1971년 경북 의성
학 력 대구 경화여고, 서울대 법학
경 력 전 서울지방변호사회 간사, 18대 국회의원, 국민의힘 선거대책본부 대변인

이만희

수행단장/국회의원

대통령을 만든 '밀착 수행 고수'

2020년 21대 총선 경북 영천청도 지역구에서 당선되며 재선 의원 자리에 올랐다. 경찰 출신으로 치안정감인 경기지방경찰청장을 지냈다. 이명박정부 때 대통령실 치안비서관, 경찰청 기획조정관 등 경찰 내 요직을 거쳤다. 2021년 8월 윤석열 당시 대선후보 캠프에 경북선거대책위원장으로 영입됐는데 윤석열 당선인이 최종 후보가 된 뒤에는 현장에서 후보를 밀착 수행하는 수행단장 역할을 맡았다. 윤석열 선대본부에는 유독 윤재옥, 이철규 의원 등 경기지방경찰청장 출신 핵심 인사가 많은데 이만희 의원은 경찰 출신 비중이 높은 조직을 장악하는 능력이 뛰어나 윤 당선인이 선호한다는 분석이 나온 바 있다.

출 생 1963년 경북 영천
학 력 대구 대구고, 경찰대 법학
경 력 전 경기지방경찰청장, 20·21대 국회의원, 국민의힘 윤석열 후보 수행단장

이상일

후보상근보좌역/전 국회의원

윤석열의 생각을 전달한 날카로운 논객

중앙일보 정치부 기자 출신으로 정치부 부장과 논설위원을 지냈다. 2012년 19대 총선에서 새누리당 비례대표로 국회의원이 됐다. 이후 2007년 새누리당 대통령후보 경선 때 박근혜 국민행복캠프 대변인을 맡았고 새누리당 대변인을 지냈다. 윤석열 당선인이 경선후보 캠프를 차렸을 때부터 공보실장으로 합류했다. 윤석열 당시 후보의 메시지에 관여하며 메시지의 핵심 주제를 명확하게 잘 잡아낸다는 평가를 받았다. 한 예로 2021년 8월 윤석열 당선인이 언급했던 "윤석열정부에선 조국−드루킹−김경수−추미애는 없을 것"이라는 발언을 작성해 호평을 받았다. MBN 등 종합편성채널을 중심으로 방송에 출연해 윤 당선인 측 논리를 합리적으로 펼친다는 평가를 받았다.

출 생 1961년 전남 함평
학 력 서울고, 서울대 무역학과
경 력 전 중앙일보 기자, 단국대 석좌교수, 국민의힘 선거대책본부 상근보좌역, 19대 국회의원

이양수
수석대변인/국회의원
윤석열 선대위의 '입'

2012년 18대 대선에서 박근혜 당시 새누리당 대통령후보 측 중앙선거대책위원회 조직본부 기획실장으로 활동했다. 이후에도 친박 계보에 속했다. 2013년부터 2014년까지 대통령비서실 정무수석비서관실 행정관을, 2014년부터 2015년까지 새누리당 수석부대변인을 지냈다. 2016년 20대 총선 때 새누리당 공천 경선에서 현역 국회의원인 비박계 정문헌을 꺾고 공천을 받았다. 2020년 21대 총선에서 재선에 성공했다. 이후 윤석열 당선인이 대선 출마를 선언하고 국민의힘에 입당하자 원내 국민의힘 소속 국회의원 중 가장 먼저 윤 당선인을 지지했으며 경선 당시 강원선대위원장을 맡았다. 이후 윤 당선인이 경선에서 승리하고 단일 후보로 선출되자 대변인으로 임명돼 각종 브리핑과 기자 응대 등 선대위의 '입' 역할을 했다.

출 생	1967년 서울특별시
학 력	강원 속초고, 고려대 불어불문학과
경 력	전 대통령비서실 행정관, 20·21대 국회의원, 국민의힘 선거대책본부 수석대변인

이영
부본부장/국회의원

국민의힘을 대표하는 '디지털 리더'

보안솔루션 기업 '테르텐'을 창업한 1세대 여성 벤처기업인 출신으로 2020년 21대 총선을 통해 국회에 입성했다. 한국여성벤처협회장과 한국무역협회 부회장 등을 지내는 등 벤처사업계에서 잔뼈가 굵은 인물 중 하나다. 2021년 4·7 재보궐선거에서 선거대책위원회 빅데이터 전략분석본부장 등을 맡으며 당의 디지털 유세 전략을 도맡았다. 벤처사업을 통해 쌓은 정보통신 역량과 데이터 능력으로 정당 내 '디지털통'으로 꼽힌다. 국민의힘 내에서 흔치 않은 이공계 전문가로 정보통신기술 벤처를 운영했던 경험을 발판 삼아 당내 데이터와 과학기술 혁신 전략을 구축했다. 초임 국회의원이지만 강점인 데이터와 디지털 분야에서 두각을 나타내고 있다. 2021년 최고위원 출마 당시 출마 선언문을 드론으로 전달받아 기자회견을 진행해 화제가 된 바 있다. 20대 대선에서 윤석열 후보 선대본부 디지털미디어단장을 맡아 윤석열 당선인의 디지털 경제 공약을 담당했다.

출 생 1969년 서울특별시
학 력 서문여고, 광운대 수학과
경 력 전 테르텐 대표이사, 21대 국회의원, 국민의힘 선거대책본부 부본부장

이용

수행실장/국회의원

'묵직한' 윤석열의 그림자

대선 내내 윤석열 후보 지근거리에서 항상 목격된 인물이다. 윤석열 당선인은 측근의 추천으로 이용 의원을 수행실장으로 임명했는데 성실하면서도 과묵하게 윤 당선인을 수행하면서 자신을 내세우지 않는 성품으로 인정받았다. 윤 당선인에게 들어오는 요청 중 무리하다 싶은 일정은 단호하게 선을 그으면서 신임을 받았다. 동계 체육인 출신으로 2010 밴쿠버동계올림픽 루지 국가대표, 2018 평창동계올림픽 봅슬레이스켈레톤 국가대표팀 총감독을 맡았다. 2020년 21대 총선에서 국민의힘 비례대표로 당선되며 초선의원이 됐다. 경주시청 철인 3종 팀 관계자들에게 수많은 구타와 가혹행위를 당해 트라이애슬론 유망주인 최숙현 선수가 극단적 선택을 한 것과 관련해 철저한 수사와 가해자들의 엄중 처벌, 관계기관의 철저한 조사를 촉구하고 '최숙현법' 제정을 추진하며 유명해졌다. 2005 인스브루크 동계유니버시아드에서는 스켈레톤 종목에도 출전했고, 2006년부터는 봅슬레이도 병행했다. 국회에 두 명뿐인 한국체육대 출신 중 한 명이다.

출 생	1978년 전북 전주
학 력	연세대 체육교육 석사
경 력	전 올림픽 루지 국가대표, 21대 국회의원, 전 국민의힘 원내부대표, 국민의힘 선거대책본부 수행실장

이주환

국민의힘 의원

'배달의 유세'

윤석열 국민의힘 대선후보의 공식 선거운동 기간 유세단장을 맡았다. 유세단은 '내 손안의 윤석열' '국민 한 분 한 분께 찾아가는 배달의 유세'를 콘셉트로 윤석열 당선인에 대한 지지를 호소했다. 대선 전 22일 동안 전국 거리를 270여 대의 유세차로 돌면서 윤 당선인의 정책과 비전을 전달하는 역할을 수행했다.

이주환 의원은 2005년 건설사 서호도시개발을 설립해 경영해온 기업가 출신이다. 정치 행보는 2010년 한나라당 후보로 부산시의원에 출마해 당선되면서 본격적으로 시작됐다. 20대 총선에선 당내 경선에서 탈락해 공천을 받지 못했지만 2020년 21대 총선에서 부산 연제구 지역구 공천을 받아 김해영 당시 더불어민주당 후보를 꺾고 당선됐다. 기업 경영과 지역 정치 경험을 바탕을 국회 산업통상자원중소벤처기업위원회 소속으로 활동했다. 특히 문재인 정권에서 추진하는 급격한 신재생에너지 전환 정책의 부작용을 집중 지적하며 주목을 받았다.

출 생 1967년 부산광역시
학 력 부산 금성고, 동국대 경제학 학사, 미국 롱아일랜드대 경영대학원 석사, 한국해양대
대학원 박사과정 수료
경 력 서호도시개발 대표이사, 6대 부산시의원, 21대 국회의원

이준석
국민의힘 대표
보수진영 '키즈'에서 '리더'로

2011년 18대 대선을 1년 앞두고 새누리당 비상대책위원으로 임명되며 정계에 데뷔했다. 박근혜 당시 비대위원장이 정계 입문을 권유했고 26세라는 어린 나이가 부각되며 '박근혜 키즈'로 불렸다. 이후 박근혜 전 대통령 탄핵 사태 때 탄핵에 찬성하며 새누리당을 탈당한 뒤 바른정당에 합류했다. 유승민계 정치인들이 주축이 된 새로운보수당을 거쳐 자유한국당과 새로운보수당이 합당해 만든 미래통합당 일원이 됐다. 서울 노원병에서 20대 총선과 2018년 재보궐선거, 21대 총선까지 도전했지만 당선에는 실패했다. 2021년 국민의힘 당대표 선거에서 불리할 것이라는 초반 예상을 깨고 나경원·주호영 전 원내대표를 물리치고 당대표에 당선됐다. 헌정 역사상 첫 주요 정당 30대 당대표로 젊은 남성을 중심으로 한 20·30대의 국민의힘 지지를 주도했다. 윤석열 당선인이 입당할 때 이준석 대표를 무시했다는 이른바 '패싱 논란'이 일면서 한때 윤석열 당시 대선 후보와 반목이 심한 것으로 알려졌지만 윤 당선인이 이 대표를 찾아가는 '울산 회동' 등으로 갈등이 극적으로 봉합됐다. '여성가족부 폐지' 등을 주장하면서 여성계와 갈등을 일으킨다는 비판에도 확실한 20대 남성 지지 기반을 만들어 대선 승리에 크게 일조했다는 평가를 받는다.

출 생	1985년 서울특별시
학 력	서울과학고, 하버드대 경제학·컴퓨터과학
경 력	전 새누리당 비상대책위원, 전 미래통합당 최고위원, 국민의힘 당대표

이철규

전략기획부총장/국회의원

경찰 '정보통' 출신의 전략 기획 분야 리더

경기지방경찰청장을 지낸 경찰 출신 정치인으로 강원 동해태백삼척정선 지역구에서 재선 의원이 됐다. 2016년 20대 총선 때는 무소속으로 출마해 당선된 뒤 새누리당에 복당했다. 경찰청 정보국장을 지냈던 만큼 정치 사회의 전반적인 정보력과 조직 장악력이 뛰어나다는 평가를 받는다. 국민의힘 대선 경선캠프에서 윤석열 후보의 조직본부장과 당 전략기획부총장을 맡는 등 '친윤석열계' 의원으로 분류된다. 전략기획부총장은 선거 사무를 함께 관할하기 때문에 이철규 의원이 선거대책본부 주요 인사로 꼽히는 데 수사기관 출신이라는 배경이 중요하게 작용했다는 평가다. 권성동(강원 강릉), 이양수 의원(강원 속초인제고성양양)과 함께 윤석열 당선인이 대선후보가 된 뒤로 두각을 나타낸 강원 지역 정치인이기도 하다.

出 生 1957년 강원 동해
學 歷 경기 성남 성일고, 한국방송통신대 행정학과
經 歷 전 경기지방경찰청장, 20·21대 국회의원, 전 미래통합당 전략기획부총장,
　　　국민의힘 중앙선거대책본부 전략기획부총장

임이자
선대본부 직능본부장/국회의원
윤석열의 든든한 노동전략가

대림수산에 근무하면서 노동운동에 몸담았다. 대림수산이 사조그룹과 합병한 후 계열사인 사조대림으로 사명이 변경될 당시 회사에 부담을 주지 않기 위해 노동조합을 설득해 임금·단체협상을 동결한 바 있다. 한국노동조합총연맹에서 경기본부 상임부의장, 경기본부 여성위원회 위원장, 여성위원회 위원장을 거쳐 부위원장을 지냈다. 20대 총선에서 새누리당의 비례대표 국회의원으로 공천돼 당선됐다. 21대에서는 고향인 경북 상주로 지역구를 옮겨 재선에 성공했다. 2021년 환경노동위원회 야당 간사로서 산업재해가 발생한 대기업들에 환노위 전체회의에 출석할 것을 주도해 성사시켰다. 윤석열 선거대책본부에서 직능본부장을 맡고 있다. 노동계 출신인 만큼 노동계 지지를 이끌어내는 등 역할을 수행하고 있다.

출 생	1964년 경북 상주
학 력	상주 화령고, 경기대 법학과
경 력	한국노동조합총연맹 여성위원회 위원장, 한국노총 부위원장, 20대 국회의원, 새누리당 원내부대표, 20·21대 국회의원, 국민의힘 선거대책본부 직능본부장

임태희

전 국민의힘 선대위 총괄상황본부장

MB, 김종인 거쳐 윤석열의 측근으로

경기 성남 출신으로 경동고등학교와 서울대 경영학과를 졸업했다. 16대 총선에서 당선
돼 18대까지 3선 국회의원을 지냈다. 17대 때 대변인, 원내수석부대표, 여의도연구소
장 등을 두루 거쳤고 18대 때는 한나라당 정책위의장을 맡았다. 이명박정부 당시 고용
노동부 장관과 대통령 비서실장을 지냈고, 국립 한경대 총장을 맡았다. 박형준, 이동관
과 함께 'MB 키즈'로 불렸다. 김종인 전 총괄선거대책위원장과도 오랜 인연이 있어 김
전 위원장 측근으로 국민의힘 선대위 총괄상황본부장에 임명됐다. 이후 '김종인 별동대'
로 중도층 공략에 나섰지만 2022년 초 선대위 개편으로 본부장직을 내려놨다. 하지만
이후에도 선대본부 상임고문으로 머무르며 계속해서 윤석열 당시 대선후보를 보좌하면
서 이제는 '친윤석열' 인사로 거듭났다는 평가를 받는다.

출 생 1956년 경기 성남
학 력 서울 경동고, 서울대 경영학과
경 력 24회 행정고시, 16·17·18대 국회의원, 전 고용노동부 장관, 전 국민의힘 선
        거대책위원 회 총괄상황본부장

장제원
전 경선캠프 종합상황실장/국회의원

윤석열 곁을 지키는 최측근

18 · 20 · 21대 총선 부산 사상에서 당선된 3선 의원으로, 20대 총선에서는 무소속으로 출마해 당선됐다. 대표적인 부산경남(PK) 출신 중진 의원으로 윤석열 경선캠프 당시 종합상황실장을 지냈다. 윤석열 당선인이 2019년 검찰총장 후보 청문회를 할 때는 야당의 '공격수' 역할을 했지만 이후 친분을 쌓으면서 '윤석열 핵심 관계자'가 됐다. 윤 당선인의 초기 경선캠프 때 합류했다가 이후 '핵심 관계자'가 개입하면 안 된다는 지적이 나오자 선거대책위원회 공식 보직에 참여하지는 않았다. 다만, 국민의당과 단일화 협상 때 전권 대리인으로 협상 전면에 나서면서 역시 윤 당선인의 '복심'이라는 평가를 받았다. 국민의힘 법제사법위원회 간사로 더불어민주당과의 힘 싸움에서도 선봉장 역할을 하고 있다.

出 生 1967년 부산광역시
學 歷 서울 여의도고, 중앙대 신문방송학과
經 歷 전 부산디지털대 부총장, 18 · 20 · 21대 국회의원, 전 자유한국당 대변인, 전 윤석열 경선 캠프 종합상황실장

전주혜

대변인/국회의원

보수당 의원이 된 '광주의 딸'

광주광역시 출신으로 전석홍 전 전남도지사의 딸이다. 사법연수원 21기를 수료한 뒤 판사로 근무했다. 2014년 2월 서울중앙지방법원 부장판사를 끝으로 판사직을 사임했다. 같은 해 3월부터 법무법인 태평양 변호사로 활동했다. 성희롱 의혹 대학교수의 해임 불복 사건에서 대학 측 변론을 맡아 '성인지 감수성'이란 용어를 최초로 사용한 대법원 승소 판결을 이끌어 냈는데, 이런 이력을 바탕으로 황교안 자유한국당 대표의 총선 인재 영입 대상으로 발탁됐다. 베테랑 법조 경력을 살려 당에서도 이쪽 방면으로 힘을 싣고 있다. 초선임에도 법제사법위원회에서 대여 공세에 앞장서고 있으며 더불어민주당 네거티브에 대한 법률 대응에도 적극 참여하고 있다. 김종인 비상대책위원회 체제가 끝난 이후로는 원내대변인으로 기자들과 원만한 관계를 잘 유지했고 이후 출범한 선거대책위원회에서도 대변인을 맡으며 윤석열 당선인을 지근거리에서 수행했다.

출　생　1966년 광주광역시
학　력　서울대 법학과
경　력　전 서울중앙지방법원 부장판사, 21대 국회의원, 국민의힘 선거대책본부 대변인

정점식

네거티브검증단장/국회의원

국민의힘 대표 '공안통' 재선 의원

검찰 공안통 출신으로 2017년 검찰을 떠나 2019년 보궐선거에서 미래통합당 경남 통영고성 선거구 후보로 공천을 받아 당선됐다. 이후 21대 총선에서도 승리하며 재선 의원이 됐다. 검찰 재직 시절부터 재산이 많은 국회의원, 공직자 순위에 항상 이름이 오르내리는 인물 중 한 명인데 총 재산은 2021년 기준 약 74억원을 신고했으며 이는 경남 지역구 국회의원 중 115억원을 신고한 강기윤 의원에 이은 2위에 해당한다. 지난해 말 고발사주 사태에도 연루돼 있다. 미래통합당이 김웅 의원에게 전달받은 것으로 의심받는 문제의 고발장 중 하나가 같은 검사 출신인 정점식 의원과 당무감사실을 거쳐 지난해 8월 실제 고발로 이어진 사실이 확인된 것이다. 정 의원은 당의 법률자문위원장이기 때문에 이번 사건이 고발 과정에서 당 차원의 개입이 이뤄졌다는 정황으로 확대되기도 했다. 검찰 출신이라 당내 이재명비리국민검증특별위원회 위원장으로도 거론됐지만 고발사주 사건이 마무리되지 않아 불발됐다.

출 생 1965년 경남 진주
학 력 창원 경상고, 서울대 법학과
경 력 전 대검찰청 검사장, 20·21대 국회의원, 국민의힘 선거대책본부 네거티브검증단장

정진석

국회부의장

윤석열 '충청 대망론' 선봉장

한국일보 기자 출신으로 2020년 21대 총선 충남 공주부여청양에서 당선되며 5선 의원
이 됐다. 2010년 대통령실 정무수석비서관에 임명돼 사이가 좋지 않던 이명박 대통령
과 박근혜 전 한나라당 대표 간 면담을 성사시키는 성과를 냈다. 충남 출신으로 비교적
계파색이 옅어 당내 여러 진영의 지지를 고루 받으며 2016년 당시 새누리당 원내대표로
당선됐다. 같은 해 12월 박근혜 전 대통령 탄핵소추안 가결의 책임을 지고 원내지도부
와 함께 사퇴했다. 지역구 공주시가 윤석열 당선인 부친의 고향인 인연으로 윤 당선인이
정계에 입문하기 전부터 '충청 대망론'을 띄우며 '친윤계' 인사로 분류됐다. 2021년 5월
당시 입당 전이었던 윤 당선인이 먼저 연락해 만찬 회동을 하며 조언을 구한 인물이기도
하다. 이후 '입당 촉구 성명' 발표를 주도하며 두각을 드러냈다. 당내 최다선으로 2021
년 8월 21대 국회 전반기 부의장이 된 뒤 선거대책위원회에 직접 합류하지 않으며 외곽
지원에 집중했다.

출 생   1960년 충남 공주
학 력   서울 성동고, 고려대 정치외교학과
경 력   전 한국일보 기자, 전 새누리당 원내대표, 16·17·18·20·21대 국회의원, 국회
부의장

정희용
상황2실장/국회의원
보좌관 출신 '젊은 피' 국회의원

1976년 출생, 95학번으로 1970년대생 40대 국회의원이다. 경북 칠곡군 출신으로 주진우 전 의원 비서, 나경원 전 의원과 송언석 의원 보좌관을 지내며 밑바닥에서부터 실력을 쌓았다. 이철우 의원이 7회 지방선거에서 경북도지사를 맡자 이 지사를 따라 경북도 민생특별보좌관, 경제특별보좌관을 지낸 뒤 고향 지역구 이완영 의원이 의원직을 상실하면서 21대 총선 경북 고령성주칠곡에 출마해 당선됐다. 당시 칠곡군수 출신의 장세호 더불어민주당 후보, 경북도 행정부지사 출신 김현기 무소속 후보 등과 경쟁했는데 젊고 참신한 인재라는 이미지와 미래통합당의 높은 지지율에 힘입어 무난히 당선됐다. 경북대 대학 동기이자 '유일한' 보좌관 출신 40대 김병욱 의원과 함께 국민의힘의 차세대 정치인으로 꼽힌다. 이후 대선 경선에서 김 의원은 유승민 후보를 도운 반면 정희용 의원은 경선 때부터 윤석열 캠프에 합류해 윤석열 당선인을 도왔고, 윤 당선인이 대선후보가 된 뒤에는 상황2실장을 하며 핵심 역할을 맡았다.

출 생 1976년 경북 칠곡
학 력 경북 김천고, 경북대 정치외교학과
경 력 전 이철우 경북도지사 보좌관, 21대 국회의원, 전 국민의힘 원내부대표, 국민의힘 선거대책본부 상황2실장

조경태

선대본 직능본부장/국회의원

각종 지지 선언을 이끌어낸 윤석열의 든든한 지원자

2004년 17대 총선에서 열린우리당으로 부산 사하을에 출마해 당선됐다. 부산 도시철도 1호선 연장 공약으로 18대 총선에서도 재선에 성공해 1호선 다대포 연장을 실현시켰다. 2008년 청문회에서 한미 쇠고기 협정 수정안에 반발해 당시 정운천 농림수산식품부 장관을 격렬하게 몰아붙여 '조포스'라는 별명을 얻기도 했다. 19대 국회에서 문재인 당시 더불어민주당 대표와의 갈등으로 20대 총선 직전 탈당해 새누리당에 입당한 뒤 보수정당 소속으로 활동하고 있는데, 당적이 바뀌어도 사하을의 선택은 항상 조경태였다. 연이어 21대 총선까지 당선되며 5선 의원이 됐다. 그만큼 지역구 사정을 꿰뚫고 있고 관리를 잘하는 것으로 정평이 나 있다. 윤석열 당선인이 당내 경선에서 승리해 최종 후보가 된 뒤 합류했고, 선거대책본부에서 직능본부장을 맡았다. 산악인 허영호와 마라토너 황영조, 가수 김수희 등 문화예술체육계 '레전드'들과 한의사협회 등 각계각층의 지지 선언을 이끌어내는 데 역할을 했다.

출 생 　1968년 경남 고성
학 력 　부산 경남고, 부산대 토목공학과
경 력 　민주평화통일자문회의 자문위원, 17~21대 국회의원, 20대 국회 기획재정위원
　　　　회 위원장, 자유한국당 최고위원, 국민의힘 선거대책본부 직능본부장

조수진
전 공보단장/국회의원
국민의힘의 적극적인 여성 일꾼

동아일보 정치부에서 12년6개월간 재직했으며, 채널A 프로그램 '직언직설'을 진행하기도 했다. 기자 시절 정윤재 게이트, CJ 비자금 수사, 여중생 학교 출산 파문, 외교부 출입 기자 통화기록 조회 파문 등 특종을 다뤘고 정치부 시절에는 김대중, 노무현 대통령을 담당했다. 21대 총선에서 비례대표에 당선됐다. 법제사법위원회 활동 때는 선배 정치인들에게 일 잘한다는 평가를 많이 받았다. 국민의힘 최고위원으로 당선된 뒤엔 윤석열 후보 선거대책위원회에서도 공보단장을 맡았지만 이준석 국민의힘 대표와 수차례 내홍이 있었고 이후 공보단장에서 물러나게 됐다. 국민의힘에서 드문 전북 출신 정치인으로 적극적인 업무 수행이 장점이다.

출 생 1972년 전북 익산
학 력 전주 기전여고, 고려대 불어불문학과
경 력 전 동아일보 기자, 전 미래한국당 대변인, 21대 국회의원, 전 국민의힘 선거대책
위원회 공보단장

주호영

국회의원

윤석열의 '대구 경북' 인맥 중심

판사 출신으로 2020년 21대 총선 대구 수성갑에서 당선되며 다섯 번째 국회의원 배지를 달았다. 수성구에서 내리 5선을 했는데 2016년 20대 총선 때 수성 지역구 공천을 받지 못하자 무소속으로 나와 당선됐고, 21대 총선에서는 당시 미래통합당의 수성갑 전략 공천을 받아 현역이었던 김부겸 더불어민주당 의원을 낙선시키고 승리했다. 이명박 정권 초대 특임장관에 오르는 등 대표적 '친이계' 정치인으로 꼽힌다. 국민의힘 원내대표를 맡으며 2021년 4월 서울시장 재보궐선거 승리를 이끌기도 했다. 대구지방법원 재직 시절 대구지방검찰청에 근무하기도 했던 윤석열 당선인과 인연을 맺었다. 20대 대선 국민의힘 경선 때 윤석열 지지를 선언하며 대구 경북 지역 표를 모아 윤 당선인이 대선후보가 되는 데 적지 않은 공을 세웠다는 평가를 받는다. 대구 경북 지역을 중심으로 한 넓은 인맥을 보유해 국민의힘 초기 선거대책위원회 조직총괄본부장을 맡았다. 특히 불교계 신망이 가장 두터운 정치인으로 평가받는다.

출 생 1960년 경북 울진
학 력 대구 능인고, 영남대 법학과
경 력 전 대구지방법원 판사, 17~21대 국회의원, 전 윤석열 경선후보 상임선거대책위원장

최재형
전 감사원장/상임고문
원칙·소신을 중시하는 '반문 러닝메이트'

1986년 서울지방법원 동부지원 판사로 임용된 후 31년 동안 판사로 지냈다. 2017년 2월 사법연수원장으로 근무하던 중 감사원장에 지명됐고, 청문회를 통과해 2018년 1월 24대 감사원장에 취임했다. 고등학교 때 소아마비인 친구 강명훈 변호사를 업고 2년간 등하교했던 일, 아이 둘을 입양해 키운 일 등 미담이 많다. 법조계에서는 '원칙과 소신을 중시하는 보수주의자'란 평가를 받았다. 감사원장 재직 당시 월성 원전 1호기 조기 폐쇄 타당성 검사를 놓고 문재인 정권과 강하게 충돌했고, 결국 감사원장을 박차고 나와 2021년 7월 국민의힘에 입당했다. 국민의힘 대선후보 경선에 참여했지만 2차 컷오프에서 탈락했고, 이후 홍준표 후보 지지 선언을 했다가 결국 윤석열 당시 후보를 도왔다. 윤석열 당선인과는 '반문재인'이라는 공통점을 갖고 있어 서울 종로 보궐선거에 러닝메이트로 전략 공천됐다.

출 생 1956년 경남 창원
학 력 서울 경기고, 서울대 법학
경 력 전 서울고등법원 판사, 전 감사원 원장, 전 20대 대통령선거 국민의힘 예비후보, 현 국민의힘 상임고문

최지현

최지현 국민의힘 선대본부 대변인

정치인 윤석열 영입 1호 인재

윤석열 당선인이 대선 출마를 선언하기도 전인 2021년 6월 중순, 초기 캠프의 임시 부대변인으로 합류했다. 캠프 정비가 되기 전부터 언론 대응과 일정 수행 등 모든 업무를 도맡으며 윤 당선인의 정치 데뷔를 도왔다. 당 선거대책위원회 · 선대본부 등을 거치며 수석부대변인, 대변인으로 자체 승진을 했는데, 진중하고 성실한 태도로 윤 당선인과 캠프 내부의 신임을 얻었다는 평가다. 특히 윤 당선인 배우자 김건희 여사와 직 · 간접적으로 소통하며 김 여사에 대한 네거티브 대응과 소통 창구 역할을 담당했다.

사법연수원 32기 변호사 출신으로 14년간 김앤장법률사무소에서 근무했다. 서울대 법학전문대학원 객원교수도 지냈다. 부친 최홍영 고려대 법학전문대학원 교수도 국방부 검찰부장과 법무법인 대일 대표변호사 등을 지낸 법조인이다. 아나운서 출신 방송인 최송현 씨가 최 대변인의 친동생이다.

출 생	1977년 서울
학 력	충남 공주사대부고, 서울대 법학과
경 력	전 김앤장 변호사, 전 서울대 로스쿨 객원교수, 국민의힘 선거대책본부 대변인

추경호
원내수석부대표/국회의원
국민의힘을 대표하는 '경제통'

2020년 21대 총선 대구 달성 지역구에서 당선되며 재선 의원이 됐다. 박근혜정부 초기 기획재정부 1차관과 이후 국무조정실장을 지냈다. 박근혜 전 대통령의 지역구였던 달성 군을 이어받는 등 '친박' 인사로 분류된다. 계파와는 무관하게 경제 정책과 금융 정책 모 두에 밝은 '경제통' 인사로 여겨진다. 윤석열 당선인의 후보 시절 선거대책위원회에서도 경제 공약 뼈대를 잡는 데 기여했다는 평가를 받는다. 대구 선대위 총괄본부장을 맡으며 대구 경북(TK) 지지세 결집에 기여했다. 현행 양도소득세 중과세율을 문재인정부 이전 으로 환원하고 3주택자의 양도세도 2년 동안 한시적으로 면제하는 법안을 발의하는 등 차기 정부 부동산 정책의 근간을 세우는 데 노력하고 있다. 합리적인 성품으로 동료 의 원들의 신망이 두텁고 기재부 내 평가도 좋아 국민의힘 안팎에서 차기 경제부총리 1순위 라는 평가를 받는다.

출 생   1960년 대구광역시
학 력   대구 계성고, 고려대 경영학과
경 력   25회 행정고시, 20~21대 국회의원, 전 국무조정실장, 국민의힘 원내수석부대표

하태경
게임특위원장/국회의원

윤석열의 청년 지지 기반

대표적인 '개혁보수' 국회의원이다. 전두환 집권기 학생 운동과 북한 인권 운동을 했던 이력을 가졌다. 19대 총선에서 당선돼 내리 3선을 하며 현재는 부산 출신의 대표적 국회의원 중 한 명으로 활약하고 있다. 새누리당 소속이었으나 대정부 질문 등에서 '최순실 게이트'를 강하게 추궁하는 등 친박 중심의 당내 상황에 대해 비판적인 목소리를 내오다가 탈당해 바른정당, 바른미래당, 새로운보수당 등에서 활동했다. 젠더 이슈에 일찌감치 관심을 드러내고 사회적 해결을 모색했다. 새로운보수당 창당준비위원장을 맡았을 당시 '젠더갈등해소특별위원회'를 발족시키기도 했다. e-스포츠 불공정 계약, 온라인 게임 아이템 '확률 조작' 의혹 등 20대 관심사에 주목하는 등 청년층 목소리를 대변하는 정치인으로 유명하다. 윤석열 후보 선거대책본부에서 게임특별위원회 위원장으로 청년층 지지를 이끌어내는 데 역할을 하고 있다.

출 생 1968년 부산
학 력 부산 브니엘고, 서울대 물리학과
경 력 민주평화통일자문회의 자문위원, 19~21대 국회의원, 바른정당 최고위원, 19~21대 국회의원, 21대 국회 전반기 정보위원회 간사, 국민의힘 선거대책본부 게임특별위원회 위원장

홍준표
상임고문/국회의원
'최대 맞수'에서 우군으로 거듭난 '큰형님'

1982년 사법시험에 합격해 청주·울산·서울중앙지방검찰청 등에서 13년간 검사 생활을 했다. 조폭이나 권력 실세 수사로 이름을 날렸다. 드라마 '모래시계'에서 탤런트 박상원이 맡았던 검사의 실제 모델로 알려졌다. 이후 검찰을 나와 1996년 김영삼 전 대통령의 권유로 정치에 입문했다. 15대 총선에서 신한국당 소속으로 서울 송파갑에서 처음당선됐지만 선거법 위반으로 의원직을 잃었다. 이후 16~18대 총선에선 지역구를 서울동대문으로 옮겨 연속 당선됐고, 21대 대구 수성을에서 당선돼 5선 고지에 올랐다. 19대 대선에서 자유한국당 후보로 나섰지만 24.03%를 얻어 낙선했다. 20대 대선에서는윤석열 당선인의 당내 최대 경쟁자로 떠올랐다. 당원 득표에서 윤 당선인에게 밀렸지만여론조사에서는 앞섰다. 이후 민심에서 앞서고도 경선에서 패배한 데 대한 아쉬움을 드러내며 한동안 윤 당선인과 거리를 두고 비판적 메시지를 냈지만, 정권 교체의 대의 앞에 선거대책위원회 상임고문직을 수락하며 '원팀'에 합류했다. 대구 유세 등에 합류해 윤당선인에게 힘을 실어줬고, 윤 당선인은 '형님'이라 부르며 화답하기도 했다.

출 생 1954년 경남 창녕
학 력 대구 영남고, 고려대 행정학과
경 력 전 서울지방검찰청 검사, 15~18, 21대 국회의원, 전 19대 대통령선거 자유한국당
후보, 현 국민의힘 상임고문

황규환

대변인

부지런하고 신속한 '논평 부자' 대변인

10년 넘게 당을 지킨 당직자 출신이다. 윤석열 후보 캠프에서 가장 많은 논평을 쓰는 대변인 중 한 명으로 꼽혔다. 당 공보실과 선거대책위원회 공보단이 가교 역할을 하며 각종 이슈를 빨리 선점해 논점을 정하는 논평을 써 주목을 받았다. 미래통합당 부대변인 국민의힘 부대변인, 국민의힘 서울시당 대변인 등을 지내며 커뮤니케이션에 능숙하다. 황규환 대변인은 2021년 '나는 국대다'라는 국민의힘 대변인 공개 오디션에 참여해 실력을 발휘하기도 했다. 국민의힘 내 대표적인 청년 정치인 중 한 명이기도 하다. 대학 졸업 후 일찌감치 정당 사무처에서 자리를 잡아 잔뼈가 굵다. 젊은 나이지만 정치권 경험과 네트워크는 웬만한 기성 정치인을 능가한다. 젊은 정치의 발전을 위해 청년과 정당 유권자 모두의 인식 변화를 역설해왔다.

출 생 1981년
학 력 서강대 사학과
경 력 전 국민의힘 부대변인, 전 국민의힘 서울특별시당 대변인, 국민의힘 선거대책본부
대변인

안철수

국민의당 대표

윤석열 국민통합정부 국정 운영 파트너

대선 사전투표일을 불과 하루 남기고 야권 후보 단일화에 합의해 윤석열 당선인에게 힘을 실어줬다. 특히 국민통합정부를 함께 꾸리기로 약속했기 때문에 그동안 이공계에서 '끝판왕'급 커리어를 쌓아온 안철수 대표가 향후 꾸려질 윤석열정부에서 핵심 역할을 할 것으로 기대된다. 의사 출신인 안 대표는 '안철수연구소(안랩)'란 보안소프트웨어 회사를 창업해 한국판 빌 게이츠로 명성을 쌓았다. 또 카이스트와 서울대 등에서 교수직을 맡으며 후학 양성에도 힘을 쏟았다. 안철수연구소를 경영하던 무렵부터 안 대표에겐 정계의 러브콜이 쏟아졌고 2010년을 전후해 '안철수 신드롬'이 전국을 강타하며 2011년 서울시장 보궐선거에서 박원순 전 서울시장의 당선을 돕는 역할로 정치권에 입문했다. 이후 국회의원에 두 차례 당선되고 대선에도 총 세 차례 출마 의사를 밝히는 거물급 정치인으로 자리 잡았다. 2016년 국회의원 선거에서는 국민의당을 이끌고 녹색 바람을 일으키며 총 38석을 얻어 제3당을 만들어낸 바 있다. 이번 대선 국면에서도 거대 양당 체제를 비판하고 과학기술 전문가 등 자신의 특장점을 강조하며 한때 지지율이 10% 중반대까지 오르는 등 저력을 보여줬다.

출 생　1962년 경남 밀양
학 력　부산고, 서울대 의학 학 · 석 · 박사, 펜실베이니아대 대학원 공학석사, 와튼스쿨 경영학석사
경 력　단국대 의과대학 전임강사, 안철수연구소 대표이사, 카이스트 기술경영전문대학원 석좌교수, 서울대 융합과학기술대학원 원장, 19~20대 서울 노원병 국회의원, 새정치민주연합 대표, 국민의당 대표

이태규
국회의원
윤석열·안철수 야권 단일화의 일등공신

장제원 국민의힘 의원과 함께 3월 2일 윤석열 · 안철수 심야 회동을 이끌어낸 주인공이다. 안철수 국민의당 대표의 단일화 결렬 선언 후에도 희망의 끈을 놓지 않고 물밑 작업을 계속했다. 1990년 꼬마민주당 당직자 공채 1기로 들어간 것이 정치 활동의 시작이다. 이후 김대중 전 대통령의 민주당에 입당했고, 조순형 전 의원의 비서관으로 활동했다. 2000~2003년에는 국회사무처 입법보좌관을 거쳤다. 옛 한나라당에서 당대표정책특보, 여의도연구소 연구위원으로 일했으며, 오세훈 서울시장 선거캠프, 이명박 대선캠프 등에서 활약했다. 다양한 선거에서 역전승, 압승 등을 이뤄내 선거전략가로 이름을날렸다. 이명박 대통령 당선 이후에는 잠시 대통령실 연설기록비서관을 지냈으나 진영내 갈등으로 물러나 KT에서 근무했으며, 안철수의 측근으로 갈아탔다. 안철수가 새정치민주연합을 탈당하고 국민의당을 창당하자 자리를 옮겨 국민의당 사무총장 등을 맡았다. 2016년 20대 총선과 2000년 21대 총선에서 국민의당 비례대표 의원이 됐다.

출 생   1964년 경기 양평
학 력   천안중앙고, 한국항공대 경영학과, 연세대 행정대학원
경 력   국회사무처 입법보좌관, 한나라당 당대표정책특보, 여의도연구소 연구위원,
          대통령실 연설기록비서관, KT경제경영연구소 전무, 국민의당 사무총장, 국민의당
          국회의원, 제20 · 21대 국회의원

인명진
전 자유한국당 비상대책위원장
안철수의 가장 든든한 지원군에서 단일화 공신으로

목사이자 정치인이다. 도시빈민운동과 노동운동을 하며 투옥된 경력이 있고, 1974년 유신 정권의 긴급조치 1호로 징역 10년을 선고받기도 한 한국 현대사의 독특한 이력의 소유자다. 1987년 6월항쟁 당시 민주헌법쟁취국민운동본부(국본) 대변인으로 활동했다. 경제정의실천시민연합(경실련) 창립 멤버이기도 하다. 보수 진영에 발을 들인 것은 2006년 한나라당 윤리위원장을 맡으면서이고, 이후 새누리당과 자유한국당의 비상대책위원장을 맡았다. 이번 대선에선 안철수 국민의당 대표를 일찌감치 지지한다는 뜻을 밝혔으나, 윤석열 당선인과 단일화가 필요하다고 꾸준히 주장하며 단일화 초반부터 관여하기도 했다. 단일화가 결렬되는 듯한 분위기로 가자, 안 대표 지지를 철회하는 등 강수를 두며 결국 안 대표의 대선 완주 포기와 단일화를 이끌어냈다는 평가를 받는다.

출 생 1946년 충남 당진
학 력 대전고, 한신대, 장로회신학대학원 석사, 샌프란시스코신학교 신학대학원 박사, 숭실대 노사관계대학원 석사, 장로회신학대 신학 명예박사
경 력 민주헌법쟁취국민운동본부 대변인, 한국방송공사 이사, 한나라당 윤리위원회 위원장, 갈릴리교회 원로목사, 경제정의실천시민연합 공동대표, 새누리당 비상대책위원장, 자유한국당 비상대책위원장

내각 · 청와대 후보군

김경환
서강대 경제학부 교수
민간 주도 주택 공급 정책 설계자

자유주의 경제학자의 대표 주자다. 특히 부동산 분야 자유시장경제주의자다. 20대 대선 최대 화두였던 주택 공급, 집값 문제 해결 방안 등 부동산 정책 공약 설계를 주도했다. 부동산 정책과 관련해 할 수 있는 모든 영역은 다 꿰뚫고 있다고 말할 수 있을 정도로 전문가다. 서강대 교수를 지내면서 국토교통부 유관기관과 관련 공기업에서 자문위원 사외이사를 맡았다. 국토연구원장도 거쳤다. 박근혜정부에서 국토와 주택 정책을 총괄하는 국토교통부 1차관에 발탁됐는데, 당시로선 행정고시 출신이 아닌 최초의 교수 출신 차관으로도 주목을 받았다. 문재인정부가 출범하자 차관직을 내려놓고 학교로 복귀했다. 서강대 경제학과를 수석 졸업했다. 이후 한국은행에서 1년간 근무한 후 미국 유학길에 올라 프린스턴대에서 경제학 석·박사 학위를 땄다. 국제부흥개발은행에서 연구원과 시라큐스대에서 조교수로 근무하기도 했다. 프린스턴대 동문인 김종석 교수와 함께 대학생의 경제학 입문서인 '맨큐의 경제학' 한국판을 발간한 특이 이력도 있다.

출 생 1957년 서울
학 력 서울 중앙고, 서강대 경제학과 학사, 미국 프린스턴대 대학원 경제학 석·박사
경 력 한국은행 조사1부, 미국 시라큐스대 경제학과 조교수, 세계은행 컨설턴트, 서강대 경제학과 학과장, 아시아부동산학회장, 국토연구원장, 국토교통부 1차관

김동조
벨로서티인베스터 대표
대통령의 메시지를 총괄한 '마켓일기' 트레이더

글 쓰는 트레이더로 유명하다. '나는 나를 어떻게 할 것인가' '모두 같은 달을 보지만 서로 다른 꿈을 꾼다' '거의 모든 것의 경제학' 등의 스테디셀러를 펴냈다. 인문학에 기반한 투자 지침서들이 입소문이 나며 금융시장의 인문학 고수란 별칭을 얻었다. 삼성자산운용 채권 펀드매니저, 삼성증권 리서치센터 애널리스트, 한국씨티은행 스왑 데스크의 이자율 트레이더, 씨티그룹글로벌마켓증권의 이자율 트레이더로 근무했다. 2016년 투자회사 벨로서티인베스터를 만들어 독립했다. 경제와 금융에 관한 리서치를 제공하는 유료 블로그 '김동조닷컴'에 연재한 마켓일기가 큰 인기를 얻었다. 대선 기간 윤석열 당선인의 경제금융 관련 정책 메시지를 다룰 담당자로 영입됐다. 정치권에 입문한 건 이번이 처음이다. 국민의힘 선거대책위원회가 해체되고 선대본부로 정비되는 가운데 당선인 비서실에서 메시지 전반을 총괄하는 업무를 맡게 됐다. 이로 인해 윤 당선인의 '입'으로 불렸다.

출 생   1971년 경남 마산
학 력   배문고, 경희대 무역학과, 연세대 경제학 석사, 미국 밴더빌트대 경영대학원(MBA)
경 력   삼성자산운용 채권 펀드매니저, 삼성증권 리서치센터 애널리스트, 씨티그룹글로벌마켓증권 이자율 트레이더, 벨로서티인베스터 대표이사, 국민의힘 선거대책본부 후보보좌역

김동철
전 바른미래당 원내대표
4선 고향 더불어민주당 떠나 윤석열의 품으로

광주에서 4선 국회의원을 지낸 호남의 거물 정치인이다. 2004년 17대 총선에서 열린 우리당 소속으로 광주 광산에서 당선된 후 20대 국회까지 연신 지역구를 지켰다. 20대 국회에서 임기 내내 "문재인정부는 아마추어 정부"라며 문재인정부와 내리 각을 세워오다 21대 국회의원 선거에서는 낙선했다. 2021년 10월 박주선 전 국회부의장과 함께 "2022년 대선은 민주당 정권을 심판하는 선거가 돼야 한다"며 윤석열 당시 국민의힘 대선후보 지지를 선언했다. 더불어민주당은 김동철 전 원내대표의 지지 선언에 "호남 팔이"라며 거센 비난을 보냈다. '동교동계 막내'인 설훈 민주당 의원도 "지조 없이 때 되면 탈당하고 입당하는 정치에 무슨 원칙과 소신이 있을 수 있겠냐"며 "김대중 대통령께서도 화를 많이 내셨을 것"이라고 아쉬움을 표했다. 민주당의 반발에도 윤 당시 대선후보는 대선 레이스 초반 김 전 원내대표 영입을 통해 호남 공략에 성공했다.

출 생 1955년 광주
학 력 광주 광주제일고, 서울대 법학과
경 력 17~20대 국회의원, 국민의당 원내대표, 바른미래당 원내대표, 국민의힘 선거대
         책본부 후보 특별고문

김상훈
국민의힘 의원
믿고 맡기는 행정의 대가

대구시 공무원 출신의 3선 의원으로, 다년간의 행정 경험과 탄탄한 지역구 기반을 갖춰 정책과 직능 등 다양한 분야의 당무를 처리했다. 대표적인 게 공천 자격시험이다. 이준석 당대표가 전당대회 때 공약했던 사안으로, 당 안팎으로 반발과 의구심이 많던 상황에서 김상훈 의원이 '공직 후보자 역량 강화 태스크포스(TF)'의 위원장을 맡아 마무리 지었다. 당초 이 대표 구상이던 '합격제'가 아닌 '가점제'라는 절충안이 도입됐다.

이번 중앙선거대책위원회에선 당초 '6본부장' 중 한 명인 직능총괄본부장을 맡았다. 다만 국민의힘의 대규모 선대위가 한 차례 해체되는 과정에선 조직 슬림화와 효율화에 대한 그의 소신대로 스스로 직을 내려놓고 백의종군했다.

출　생　1963년 대구
학　력　대구 대건고, 영남대 법학과 학사, 미국 오리건대 대학원 행정학 석사
경　력　33회 행정고시, 대구시 경제통상국 국장, 19 · 20 · 21대 국회의원

김성한
전 외교통상부 2차관
이론·실무 경험을 겸비한 국제정치학자

김성한 전 외교통상부 2차관은 국제정치학 전문가다. 2007년 이명박 당시 대선후보의 외교안보정책 자문을 맡으면서 이 대통령과 인연을 맺은 데 이어, 윤석열 당선인과도 정계에 입문하기 전부터 알고 지내면서 '외교 과외 선생님'으로 활동해왔다. 미국 텍사스대(오스틴)에서 정치학 박사학위를 받았고 외교부 산하 외교안보연구원에서 교수와 미주연구부장, 국방부 자문위원 등을 지냈다. 이명박정부에서는 김 전 차관이 개각 때마다 대통령 외교안보수석, 외교통상부 장관 등의 후보로 거론되다가 2012년 2월부터 2013년 3월까지 외교통상부 2차관으로 재직했다. 당시 김 차관은 외부 출신 인사였지만 김성환 외교통상부 장관을 모시면서 안호영 1차관과 함께 호흡을 잘 맞춰 일했다. 김 전 차관이 워낙 대통령 의중을 잘 알고 있는 데다, 이명박정부의 외교 정책 수립에도 깊게 관여하고 있어 이론과 실무를 겸비한 학자였기 때문이다. 관직을 떠나 고려대 국제대학원 교수로 돌아가서도 외교안보 분야에 관해 꾸준히 언론 기고와 논문 게재 등을 하며 이름을 널리 알렸다. 2021년부터 윤석열 캠프 선거대책본부 외교안보정책본부장으로 일해오면서 해외에서는 알려지지 않았던 윤 당선인을 미국 워싱턴DC 정계에까지 알리는 데 큰 공헌을 했다.

출 생   1960년 서울
학 력   서울사대부고, 고려대 영문과, 고려대 대학원 정치외교학 석사, 미국 텍사스대 정치학 박사
경 력   외교안보연구원 교수, 외교안보연구원 미주연구부장, 대통령직속 국방선진화추진위원회 위원, 일민국제관계연구원 원장, 외교통상부 2차관, 고려대 국제대학원 교수

김소영
서울대 경제학과 교수
대통령의 핵심 경제 브레인

선거캠프의 대표적인 경제 책사. 선거대책위원회에서 '국민과 함께 뛰는 경제정책본부' 본부장을 맡았다. 지난해 8월 국민캠프에서 자문단 42명을 발표할 때 합류했다. 정책자문단의 경제분과 간사를 지내며 윤석열 당선인의 경제 책사 역할을 했다. 캠프 합류 전 문재인정부의 소득주도성장 정책을 조목조목 비판해 이름을 알렸다. 캠프에 합류한 배경에 대해 김소영 교수는 언론을 통해 당시 윤 당선인의 소명의식과 실행력, 대의 때문이라고 밝히기도 했다. 윤 당선인이 내놓은 50조원 자영업자 지원을 비롯해 민간 위주 양질의 일자리 제공, 규제 철폐 등 경제 공약에 핵심적 역할을 한 것으로 알려졌다. 화폐·국제금융 전문가로 예일대 박사 출신인 김 교수는 2011년 노벨경제학상을 받은 크리스토퍼 심스 프린스턴대 교수의 제자로 계량경제 모델을 활용한 연구에 정통하다. 일본 아베노믹스 창시자인 하마다 고이치(浜田宏一) 미국 예일대 명예교수에게 정책 분야를 배우기도 했다. 한국은행을 비롯해 스페인 중앙은행, 아시아개발은행(ADB), 국제통화기금(IMF) 등 중앙은행 관련 기구에서도 다양한 경험을 쌓았다.

출 생 1967년 서울
학 력 경성고, 서울대 경제학과, 예일대 경제학 석·박사
경 력 스페인 중앙은행 연구위원, 고려대 경제학과 교수, 아시아개발은행 컨설턴트, 한국한미경제학회 회장

김영태

전 쿠팡 부사장

정책과 국민의 징검다리

윤석열 당선인의 정책 공약을 어떻게 하면 더 쉽고 친근하게 국민에게 전달할 수 있을까. 이 고민을 하는 사람이 김영태 전 부사장이다. 국민의힘 대선후보 경선 초기 원희룡 전 제주도 지사 캠프에서 일했다. 윤 당선인으로 대선후보가 확정되고 원 전 지사가 선거대책본부 정책본부장으로 합류하면서 함께 윤석열 선대본부로 자리를 옮겼다. 기존 윤석열 캠프 인사들의 텃세도 있었지만 탁월한 능력 탓에 정책본부회의 7인방으로 꼽힌다. 정책커뮤니케이션실장을 맡아 후보와 전문가들이 구성한 국정 비전과 정책을 국민이 쉽게 기억할 수 있도록 스토리를 엮거나 캐치프레이즈를 만드는 역할을 담당했다. 언론사 기자, 벤처기업 창업, 기업체 등 다양한 직업을 거치며 홍보, 커뮤니케이션 전문가로 자리매김했다. 특히 정보기술(IT), 커머스, 물류 등을 아우르는 쿠팡에서 대내외 커뮤니케이션 부문 총괄부사장을 지냈다. 기자 초년병 시절 매일경제에서 비전코리아 국민보고대회와 세계지식포럼 초창기 설계를 담당했다.

출 생 1967년 서울

학 력 서울 영일고, 서울대 경제학 학사, 핀란드 헬싱키경제대 대학원 국제경영학

경 력 매일경제신문 기자, 코리아인터넷닷컴 부사장, 케이랩 대표이사, 경인방송 기자, 하이트맥주 전무이사, 한샘 기획실 전무이사, 쿠팡 커뮤니케이션 총괄부사장

김영환

전 국회의원

대통령 지키는 '이재명 저격수'

윤석열 당선인이 국민의힘에 입당하기 전 야권 대선후보로 손꼽히고 있을 때부터 윤 당선인을 도왔다. 4선 의원 출신으로, 김대중정부에서 과학기술부 장관을 지낸 바 있다. 과거 친안으로 분류되는 정치인이었으나 2020년 미래통합당에 합류하며 결별했다. 2018년 바른미래당 소속으로 경기도지사에 출마했을 당시 이재명 전 경기도지사의 여배우 스캔들 의혹 등을 제기하며 '이재명 저격수'로 여겨졌다. 정치 경험이 없는 윤석열 당시 전 검찰총장을 돕고자 '자원봉사 차원에서' 직책 없이 선거캠프에 합류했다. 김영환 전 의원은 캠프 합류에 대해 "정권 교체의 문지기가 되겠다"며 "윤 전 총장을 지키는 게 개혁"이라고 소감을 밝혔다. 국민의힘 소속 중진 인사로서는 첫 캠프 합류였다. 청주고를 졸업하고 연세대 치과대학에 73학번으로 입학했으나, 노동운동으로 2번 제적을 당하는 등 고초를 겪었던 노동운동가이기도 하다.

출 생 1955년 충북 괴산
학 력 충북 청주고, 연세대 치과대학
경 력 15 · 16 · 18대 재보궐, 19대 국회의원, 제21대 과학기술부 장관, 국민의힘 선거대책위원회 인재영입위원장

김용우

전 육군참모총장

文정부 첫 육참총장 출신 국방 정책 전문가

육군사관학교 39기로 입학했고 1983년 소위로 임관한 김용우 전 육군참모총장은 국방 정책·기획 분야의 대표적인 전문가로 통한다. 문재인정부 첫 육군참모총장으로 낙점될 당시 전임자보다 육사 3기 후배인 데다 중장이었던 터라 '기수 파괴'의 상징적 사례로 회자됐다. 총장 재직 시절에는 4차 산업혁명 기술을 군에 접목한 드론봇 전투체계와 워리어 플랫폼 등 미래 지향적 군사력을 건설하는 데 주안점을 뒀다.

이와 함께 부하들에게 △모든 전우의 인격과 인명을 자신의 몸처럼 아끼고 존중할 것 △주어진 권한과 영향력은 오로지 공익만을 위해 사용할 것 △누리는 것이 아닌 사명을 다하는 자세로 봉사할 것 △출신·지역·학연·종교·성별 등으로 차별하지 않을 것 △언제든 대의를 위해 책임을 다하는 자세를 견지할 것 등 5가지 훈(訓)을 제시하며 군의 적폐 청산에 앞장섰다. 그러나 예편 후에는 윤석열 당시 국민의힘 대선후보 캠프에 합류했고 언론 인터뷰를 통해 "문재인정부는 국민의 군대가 아닌 당의 군대처럼 선택적 충성을 하도록 만들었다"고 비판했다.

출 생	1961년 전남 장성
학 력	육군사관학교 39기
경 력	합동참모본부 민군작전부장, 신연합방위추진단장, 제1군단장, 합참 전략기획본부장

김용하

순천향대 IT금융경영학과 교수

연금 및 복지 정책 핵심 전문가

대한민국의 기초연금 도입을 최초로 주창하며 2007년 기초노령연금 입안, 2014년 기초연금 확대 개편에 중추적 역할을 했다. 특히 박근혜정부 시절 공무원 연금 개혁에 핵심 역할을 했고, 2020 경제대전환위원회에서 만든 한국당 경제 대안 '민부론' 저자로도 이름을 올렸다. 이 같은 활동을 바탕으로 2008년 한국보건사회연구원 원장, 2011년 한국재정정책학회 회장, 2014년 한국연금학회 회장, 2017년 한국경제연구학회 회장, 2018년 한국사회보장학회 회장 등을 역임했다. 뉴라이트 계열 시민단체인 바른사회시민회의 운영위원도 맡았다. 2017년 홍준표 대표 체제 때 당 혁신위원을 지냈다. 20대 총선 새누리당 공천관리위원으로 인선되기도 했다. 2019년 10월 황교안 전 대표로부터 영입됐으며, 미래한국당에 공천을 신청하기도 했다. 황 대표 취임 이후 문재인정부 경제 실정을 비판하고 한국당이 대안을 내놓는 '2020 경제대전환위원회'에도 참여했다. 차남이 한류 아이돌 엑소(EXO)의 리더 수호다.

출 생 1961년 경북 영주

학 력 배정고, 성균관대 경제학, 성균관대 대학원 경제학 석 · 박사

경 력 한국경제연구학회 회장, 4대 한국연금학회 회장, 9~10대 한국보건사회연구원장

김우상
연세대 정치외교학과 교수
국제 정세를 꿰뚫는 게임이론의 전문가

미국 로체스터대 박사 출신이다. 미·중 패권 경쟁을 다룬 '동맹이론'으로 박사 학위를 취득했고 '게임이론' 전문가다. 부산에서 중·고등학교를 다닌 그에게는 학창 시절 '걸어 다니는 수학 도사'라는 별명이 붙었다고 한다. 김우상 교수가 미·중 관계 연구로 박사 학위를 취득할 당시만 해도 중국이 급부상해 미국과 패권 경쟁을 할 것으로 예상한 이는 거의 없었다. 만 서른에 미국 텍사스A&M대 교수로 임용됐다. 이후 숙명여대 정치외교학과 교수를 거쳐 연세대 정치외교학과 교수로 자리를 잡았다. 현실 정치에서 이명박·박근혜정부 등에서 외교 정책 자문직을 거치며 호주 주재 한국대사 등도 지냈다. 최근 20여 년간 '신한국 책략' 시리즈를 집필하며 한국의 중추국가 역할론을 제시했다. 강대국의 논리를 잘 파악해 중추국가로서 생존의 길을 찾아야 한다는 내용이다. 그의 저서 '신한국 책략'과 '중견국 책략'은 관련 분야 전문가의 필독서일 정도다. 박진 국민의힘 의원이 위원장을 맡고 있고 윤석열 선거대책위원회의 글로벌 비전과 외교 전략을 담당하는 글로벌비전위원회 위원으로 참여했다.

출 생 1958년 부산광역시
학 력 부산남고, 한국외국어대 독일어과, 시라큐스대 대학원 정치학 석사, 로체스터대 대학원 정치학 박사
경 력 연세대 동서문제연구원 원장, 대한민국 공군 정책발전자문위원, 17대 대통령 당선인 방미 특사단, 주호주 대한민국대사관 특명전권대사, 한국국제교류재단 이사장

김인규
후보청년보좌역
YS 정신 계승하는 청년 정치인

고(故) 김영삼 전 대통령의 손자이자 김현철 김영삼민주센터 상임이사의 차남이다. 국회 안에서 경력을 쌓아왔다. 2017년 정병국 전 바른미래당 의원실에서 대학생 무급 인턴으로 국회 생활을 시작한 그는 문희상 전 국회의장실을 거쳐 2021년 8월까진 권영세 국민의힘 의원실에서 정책비서로 일했다. 비서로 정치권에 입문한 이유는 장택상 총리의 비서로 정치를 시작했던 할아버지의 뒤를 따르기 위해서다. 정책비서 생활을 하던 그에게 2021년 8월 당시 윤석열 후보가 지원 요청을 수차례 했고 이에 부대변인으로 캠프에 합류했다. YS 정신을 계승하겠단 의지를 윤석열 당선인이 보여줬으며 김 보좌역도 윤 당선인의 과감성에서 김 전 대통령의 모습을 발견하고 돕기로 결정했다. 경선 과정에서는 각종 이슈에 대한 논평을 작성하는 등 업무를 주로 맡았고, 본선에선 후보청년보좌역으로 임무를 바꿔 현장에서 윤 당선인의 눈과 귀 역할을 수행했다. 또한 청년본부에 속해 청년 관련 기획 아이디어를 제시하기도 했다. 특히 그는 YS 정신을 계승하는 청년들의 자발적 조직인 '통합과 화합 포럼' 대표를 역임하고 있으며, 윤 당선인도 해당 조직에 큰 애정을 쏟고 있는 것으로 알려졌다.

출 생 1989년 서울
학 력 캐나다 토론토 호라이선스고, 한동대 경영학과, 연세대 행정대학원 재학 중
경 력 정병국 의원실 비서, 문희상 국회의장실 비서, 권영세 의원실 정책비서, 윤석열 국민 캠프 부대변인, 국민의힘 선거대책본부 후보청년보좌역

김창경
전 교육과학기술부 차관
4차 산업혁명 전도사 겸 전문가

매사추세츠공대(MIT) 금속공학과 박사 출신. 김종인 전 비상대책위원장이 '천재 과학자'
라고 칭했던 인물이다. 2007년 박근혜 당시 후보의 정책 자문 교수였으나 대선 후에는
이명박정부 초기 과학기술비서관으로서 국제과학비즈니스벨트 종합 계획 등 과학 정책의
밑그림을 그렸다. 박근혜정부 출범 후에는 전국을 다니며 '창조경제론'을 전파했다. 이후
에 민주당 쪽에서도 영입에 공들였을 정도로 과학 정책 분야에서 입지를 굳혔다. 산업자
원부 대학산업기술지원단 단장, 중소기업청 산학연 컨소시엄 및 기술혁신개발사업 심의
위원 등 과학기술 관련 정책 수립을 위한 다양한 과정에 참여하는 열성을 보였다. 공직을
마친 뒤에는 한국의 미래가 4차 산업혁명 성패에 달렸다고 판단해 학교로 돌아가 4차 산
업혁명 연구에 매진했다. 김종인 전 위원장의 부인 김미경 교수, 김준경 전 한국개발연구
원(KDI) 원장과 사촌지간이다. 김미경 교수의 부친인 김정호 전 한일은행장과 김준경 전
원장의 부친인 김정렴 전 비서실장, 그리고 김창경 교수의 부친이 형제간이다.

출 생 1959년 서울
학 력 서울대 금속공학과, MIT 금속공학 박사
경 력 한양대 교수, 과학기술부 나노통합과학기술연구단장, 청와대 과학기술비서관, 교
　　　 육과학기술부 2차관

김천식

전 통일부 차관

남북 공식·비공식 대화 경험 풍부한 대북通

통일부 재직 시절 대표적인 정책통이자 남북회담 전문가로 정평이 났던 김천식 전 통일부 차관은 1984년 행정고시 28회에 합격해 공직 생활을 시작했다. 통일부에서 정책총괄과장과 남북회담사무국 회담운영부장, 교류협력국장, 통일정책실장 등 요직을 두루거쳤다. 2000년 6월 남북정상회담에 배석해 기록을 담당했고 남북 정상이 함께 서명한 6·15 공동선언의 초안 마련에도 참여했다. 2003년 1월에는 노무현 대통령 당선인의 특사였던 임동원 전 국가정보원장을 수행해 방북하는 등 남북 당국 간 공식·비공식 회담에 다수 참여했다.

이 때문에 당시 언론에서는 대북 비공개 대화에 잇따라 참여했던 그를 'K국장'이라는 별칭으로 부르기도 했다. 이명박정부 시절에는 북한의 연평도 포격 도발과 천안함 폭침 등 위기 국면에서 남북정상회담을 추진하기 위해 북한과 물밑대화에 나섰다. 21대 총선에서는 미래통합당 서울 종로구 후보 공천에 도전하는 등 정치권 진출을 모색해왔다.

출 생 1956년 전라남도 강진
학 력 서울대 정치학과 학사
경 력 통일부 정책총괄과장, 남북회담사무국 회담운영부장, 교류협력국장, 통일정책실
      장, 우석대 초빙교수

김한길
전 국회의원

DJ·盧에 이어 尹 승리 이끈 선거 기획의 귀재

1995년 김대중 전 대통령(DJ)의 권유로 정계에 입문하기 전까지는 '여자의 남자' 등을 히트시킨 베스트셀러 소설가 겸 TV 토크쇼 진행자로 대중적 인기를 얻었다. 당시 지역 감정으로 어려움을 겪고 있던 DJ는 대선을 준비하며 국민 통합의 상징으로 그를 영입했다. "전라도와 경상도를 가로지르는 섬진강 줄기 따라 화개장터엔"으로 시작하는 가요 '화개장터'를 작사했기 때문이다. 1996년 15대 총선에서 비례대표로 국회에 입성해 4선 국회의원을 지냈다. 1997년 대선(DJ)과 2002년 대선(노무현 전 대통령)에서 '선거 기획가'로 활동하며 승리의 주역이 됐다. DJ정부에서 청와대 정책기획수석과 문화관광부 장관을 했다. 2013년 민주당 대표로 선출됐고, 이듬해 안철수 현 국민의당 대표와 새정치민주연합을 만들어 공동대표를 했다. 2016년 더불어민주당 내 '친문재인계'와의 갈등으로 탈당해 국민의당에 합류했다. 20대 대선에서 국민의힘 새시대준비위원회 위원장을 맡아 중도 확장 역할을 부여받았다. 부인은 배우 최명길 씨다. 부친은 고 김철 전 사회당 당수로, 부자(父子)가 정당 대표를 한 기록을 갖고 있다.

출 생 1953년 일본
학 력 이화여대 사범대 부속 이화금란고, 건국대 정치외교학과
경 력 15~17대 · 19대 국회의원, 문화관광부 장관, 새정치민주연합 공동대표, 국민의
힘 대선후보 직속 새시대준비위원장

김현숙
전 국회의원
두 대통령의 고용·복지 공약을 책임진 경제통

경제학자 출신 정치인이다. 서울대 경제학과를 졸업하고 미국 일리노이주립대 대학원에서 경제학 박사 학위를 땄다. 귀국한 후 한국개발연구원(KDI)과 한국조세연구원을 거쳐 숭실대 경제학과 교수로 부임했다. 19대 국회의원 선거 때 새누리당 비례대표 후보 13번을 받아 당선됐다. 새누리당 원내부대표와 원내대변인을 각각 역임했다. 박근혜 대통령이 18대 대선에서 당선되자 대통령직인수위원회 여성·문화분과 인수위원으로 활약했다. 의정 활동 중에도 주로 국회 보건복지위원회와 여성가족위원회에서 일했다. 박근혜정부가 추진한 공무원연금개혁 태스크포스(TF) 위원을 맡아 연금개혁의 밑그림을 그렸다는 평가도 받는다. 고용, 노동, 여성, 복지 분야의 정책통으로 입지를 굳히며 박근혜 청와대 고용복지수석으로 임명됐다. 이 같은 경력을 인정받아 이번에도 윤석열 당선인이 정치에 입문한 초기부터 캠프에서 고용, 복지, 여성 공약을 설계했다. 국민의힘 선거대책본부가 꾸려졌을 땐 상황실 정책메시지팀에서 활동했다.

출 생 1966년 충북 청주
학 력 청주일신여고, 서울대 경제학과, 일리노이대 경제학 박사
경 력 한국개발연구원 연구원, 한국조세연구원 연구위원, 숭실대 경제학과 교수, 19대
         국회의원, 새누리당 원내대변인, 청와대 고용복지수석

김현철

동국대 언론정보대학원 석좌교수

YS의 아들서 윤석열정부 정치 고문으로

14대 대통령 김영삼의 차남이다. 김영삼 전 대통령의 민주화 운동 시절 가장 가까운 핵심 참모였으며 대통령 당선 이후 문민정부의 핵심 실세 역할을 했다. 1997년 한보 사태로 구속 수감됐다 1999년 특별사면됐으며 19대 대선 직후 더불어민주당에 공식 입당했지만 2019년 갑작스러운 탈당 이후 문재인정부와 민주당을 비판하는 행보를 이어나갔다. 2021년 8월 "불의와 당당히 맞서 싸운 윤석열 전 검찰총장만이 정권 교체를 이룰 수 있는 유일한 적임자"라며 윤석열 당시 국민의힘 대선 예비후보를 공개적으로 지지했다. 뒤이어 2022년 1월 국민의힘 선거대책본부의 후보특별고문에 임명돼 김현철 교수의 차남인 김인규 청년보좌역과 함께 윤석열 당선인의 선거를 도왔다. 과거 문민정부를 막후에서 이끌었던 정치 역량을 토대로 윤 당선인의 정치적 고문 역할을 맡고 있다. 더불어 2020년 문재인정부 시기 여당의 윤 당시 검찰총장 사퇴 압박에 대해 강도 높게 비판해 윤 당선인의 신뢰를 얻었다는 분석도 있다.

출 생 1959년 서울
학 력 서울 경복고, 고려대 사학과, 서던캘리포니아대 경영학 석사, 고려대 경영학 박사
경 력 동국대 언론정보대학원 석좌교수, 전 한나라당 여의도연구소 부소장, 더불어민주
       당 문재인 대통령 후보 공동선거대책위원장, 국민의힘 선거대책본부 후보특별고문

김형석

연세대 명예교수

윤 당선인, 정치 입문 전 만나 담화

1960년대부터 수많은 베스트셀러를 남겼으며, 아직까지도 왕성한 활동을 벌이고 있는 한국 사회의 원로 철학자다. 검찰총장에서 물러난 윤석열 당선인이 정계에 등판할지에 온 나라의 관심이 쏠려 있던 2021년 3월, 윤 당선인이 김 명예교수와 2시간가량 만난 사실이 알려지며 언론의 조명을 받았다.

당시 윤 당선인이 자신의 정치 행보를 직접 묻지는 않았지만, 김 명예교수는 "당신을 기대하고 있는 사람들에게 정치적인 해답을 줘야 한다"고 조언한 것으로 전해졌다.

평안도 창덕학교에 재학해 김일성과 선후배 관계며, 숭실중학교에 재학하던 때에는 안창호의 강연을 듣고 윤동주와 동문수학했다. 광복 이후 북한이 공산화되자 월남해 고등학교 교사로 재직했다. 백낙준 연세대 초대 총장의 권유로 연세대에서 교편을 잡아 1985년 정년퇴임 때까지 철학과 교수로 활동했다.

각종 철학·기독교 서적과 함께 '우리는 어떻게 살아야 하는가' '인생의 의미를 찾기 위하여' 등의 에세이집까지 많은 베스트셀러를 써냈으며, 2021년 펴낸 에세이집 '백년을 살아보니'도 많은 화제가 됐다.

출 생　1920년 평안남도 대동
학 력　평양 제3공립중학교, 일본 조치대
경 력　연세대 철학과 교수

김홍일
전 부산고검 검사장
윤 당선인의 상관이었던 '특수통' 검사

검사 시절 '특수통' 검사로 불렸다. 24회 사법시험에 합격하며 검사로 임용됐다. 사법연수원 기수는 15기다. 대구지검 검사로 시작해 수원지검, 서울지검 등을 거쳤다. 수원지검 강력부 부장검사, 대검찰청 강력과 과장 등을 역임해 '강력통' 검사로도 알려졌다. 서울중앙지검 3차장 검사로 근무할 당시 이명박 대통령의 도곡동 땅 차명보유 의혹과 BBK 사건 등을 수사했다. 2009년 대검 중앙수사부장으로 임명돼 부산저축은행 비리 사건에 대한 수사를 지휘했다. 김 전 고검장이 중수부장으로 근무하던 시절 윤석열 당선인이 중앙수사부 중수2과장이었다. 한마디로 윤 당선인의 과거 상관이었던 셈이다. 검찰을 떠난 후에는 법무법인 세종에서 변호사로 활동했다. 대선 기간 '정치공작 진상규명 특별위원회' 위원장으로 일하며 윤 당선인을 도왔다. 정치공작 진상규명 특위는 윤 당선인이 2021년 9월 자신을 향해 '고발 사주' 의혹이 불거지자 반발하며 캠프 안에 만든 위원회다.

출 생   1956년 충남 예산
학 력   예산고, 충남대 법학과
경 력   사법연수원 15기, 대검찰청 강력과장, 대구지검 2차장, 서울중앙지검 3차장, 대검찰청 중앙수사부장, 부산고검 검사장, 법무법인 세종 변호사, 윤석열 국민의힘 대선 캠프 정치공작 진상규명 특별위원회 위원장

김회선

전 국회의원

지검장에서 국회 그리고 청와대까지

서울대 법과대학, 조지워싱턴대 법학전문대학원을 졸업한 후 20회 사법시험에 합격했다. 사법연수원 10기를 수석으로 수료한 수재이며 목영준 헌법재판소 재판관과 동기다. 서울지방검찰청에 첫 부임한 후 서울지검 부장검사, 서울지방검찰청동부지청장, 서울서부지방검찰청 검사장 등으로 활동하며 검찰국장에 유력하게 꼽히기도 했다. 하지만 2005년 법무부 기획관리실장을 마지막으로 스스로 사표를 제출했다. 이후 변호사, 국정원 2차장을 거쳐 19대 국회의원 선거에 출마했다. 당시 현역 국회의원이었던 이혜훈 의원 대신 새누리당 공천을 받아 서초갑에 출마해 당선됐다. 국회의원 시절 국회 법제사법위원회 회의에서 윤석열 당선인과 대면한 적이 있다. 윤석열 당시 수원지검 여주지청장이 국가정보원 정치·선거 개입 사건 특별수사팀장을 맡았던 2013년, 국회 법사위에서 윤 당시 팀장을 소환해 질의했고 김 전 의원 또한 법사위원이었다.

출 생 1955년 서울
학 력 서울 경기고, 서울대 법학과, 조지워싱턴대 법학 석사
경 력 19대 국회의원, 국가정보원 2차장, 서울서부지방검찰청 검사장, 국민의힘 선거대
       책위원회 공정과상식위원장

나승일

전 교육부 차관

직업교육을 강조해온 윤 당선인의 교육 공약 설계자

나승일 전 교육부 차관은 실무와 이론을 겸비한 전문가로 꼽힌다. 서울대 농산업교육과를 졸업한 후 농업고등학교에서 일선 교사로 근무했다. 이후 미국 유학을 떠나 오하이오 주립대 대학원에서 산업교육 박사 과정을 밟았다. 1994년 미국 연방 노동성 산하의 애터베리 직업훈련센터(Atterbury Job Corps Center)에서 교수로 재직했다. 이때부터 직업교육에 대한 관심이 깊어졌다. 귀국한 후에는 대구교육대 실과교육과 교수로 활동했다. 1999년 모교인 서울대 농산업교육과 교수로 임명됐다. 2012년 새누리당 국민행복추진위원회 행복교육추진위원으로 활약하며 정치권과 인연을 맺었다. 18대 대통령직인수위원회에선 교육과학분과 전문위원을 맡았다. 이후 박근혜정부의 초대 교육부 차관으로 지명됐다. 직업교육 전문가로 진로 탐색을 위한 자유학기제의 밑그림을 그렸다. 국민의힘 선거대책본부에선 교육정책분과위원장으로 활동하며 윤석열 당선인의 '평생교육 체제 강화' 공약을 만드는 데 일조했다.

출 생 1962년 충남 부여
학 력 홍산농업고, 서울대 농산업교육과, 오하이오주립대 산업교육 박사
경 력 서울대 농산업교육과 학과장, 새누리당 국민행복추진위원회 행복교육추진단 추진
       위원, 18대 대통령직인수위원회 교육과학분과 전문위원, 교육부 차관, 국민의힘
       선거대책본부 교육정책분과위원장

박민영
청년보좌역
'위키윤' '59초 쇼츠 공약' 등 대선 인기 콘텐츠 기획자

연세대 경제학과에 재학 중이던 2017년 바른정당이 주최한 토론배틀에서 우승해 청년 대변인에 임명되며 정치권에 몸담았다. 이 밖에도 여러 토론대회에서 우수한 성적을 거둔 그는 군 복무로 잠시 자리를 떠나 있다가 전역 후 국민의힘 경선 과정에서 원희룡 원팀캠프 대변인을 맡았다. 본선에선 원희룡 정책본부장의 추천을 받아 청년보좌역으로 정책본부에 합류했다. 합류 직후부터 노선을 기반으로 한 윤석열 당선인의 선거 공약 홍보 사이트 '위키윤'을 기획했다. 윤 당선인으로부터 전권을 위임받아 'AI 윤석열'을 활용해 직접 답을 작성하기도 한다. "오늘도 에너지 넘치게 파이팅"이란 AI 윤석열의 유행어도 그의 작품이다. 생활 밀착형 공약을 짧은 영상에 담아 사랑받았던 콘텐츠인 '59초 쇼츠 공약'도 박 보좌역의 손을 거쳤다. 특히 윤 당선인의 유행어로 자리 잡은 "좋아 빠르게 가!" 대사나 유명 제산제 '개비스콘'의 광고를 패러디한 영상 아이디어도 그에게서 나왔다. 박 보좌역의 톡톡 튀는 아이디어에 대해 원 본부장은 물론 윤 당선인도 호평을 내려 신임을 받고 있는 것으로 전해졌다.

출 생 1993년 서울
학 력 검정고시, 연세대 경제학
경 력 바른정당 청년대변인, 원희룡 원팀캠프 대변인, 국민의힘 정책본부 청년보좌역

박성훈
전 부산시 경제부시장
사법·행정고시 합격한 젊은 경제 전문가

서울대에 재학 중이던 1993년 37회 행정고시에 합격했다. 이후 기획예산처에서 근무하며 법 공부를 시작해 43회 사법시험에도 붙었다. 변호사 자격을 취득했지만 계속해서 공직 생활을 이어갔다. 2008년에는 세계은행으로 파견돼 금융과 민간 투자를 담당하는 선임 전문가로 일했다. 귀국해선 계속 기획재정부 과장으로 근무했다. 이명박정부에서 청와대 기획비서관실 행정관으로 임명됐다. 박근혜정부 들어 기획재정부로 돌아가 기획조정실·세제실 과장으로 일했다. 2015년 승진과 동시에 청와대 경제금융비서관실 선임행정관으로 파견됐다. 문재인정부 들어서는 국회 예산결산특별위원회 국장을 지냈다. 2019년 부산시 경제부시장에 임용됐다. 2021년 고향인 부산의 무너진 경제를 되살리겠다며 부산시장 보궐선거에 도전장을 내밀었다. 당내 경선에서 낙선했지만 경제 전문성을 인정받아 부산시 경제특별보좌관으로 임명됐다. 대선 기간에 윤석열 당선인 비서실 정무위원으로 경제·지역 공약을 발굴하는 데 힘썼다.

출 생　1971년 부산
학 력　부산 동성고, 서울대 정치학과, 하버드대 케네디대학원 행정학 석사
경 력　기획예산처 재정운용실 서기관, 청와대 행정관, 기획재정부 세제실 과장, 국회 예
　　　　산결산특별위원회 국장, 부산시 경제부시장, 국민의힘 선거대책본부 후보 비서실
　　　　정무위원

박수영

국회의원

행정의 달인에서 이재명 저격수로

고 박세일 전 서울대 법대 교수가 제자들에게 "법대를 나왔다고 해서 사법시험만 준비할 것이 아니라 행정고시를 통해서 나라의 미래를 설계해보는 것이 어떻겠느냐"고 조언하자 이를 받아들여 사법고시 대신 행정고시를 택한 서울대 법대 82학번 10인 중 한 명. 이후 인사행정의 경험을 쌓고 하버드대와 버지니아공대에서 정책·행정을 전공하며 입지를 다졌다. 박 전 교수가 청와대에 들어가면서 유학 중이던 제자 박수영을 불렀으나 학업에 좀 더 매진해야 한다는 이유로 선배인 박재완 전 기획재정부 장관을 소개해 정치권에 입문시켰다. 하버드대에서 맺은 선후배의 인연으로 박 전 장관의 뒤를 이어 한반도선진화재단 대표를 맡기도 했다. 우연한 기회로 국회에 입성했지만 여전히 그의 명성은 행정의 달인. 경기도에서 부지사를 했던 경험을 바탕으로 이재명 더불어민주당 후보의 대장동 개발 특혜 의혹을 파헤치면서 윤석열 후보 선거대책위원회의 중심 인물로 부상했다. 나경원, 조해진, 원희룡, 조국 등이 서울대 82학번 동기.

출　생　1964년 부산
학　력　부산동고, 서울대 법학과, 케네디스쿨, 버지니아공대 행정학 박사
경　력　행정고시 29회, 청와대 인사수석실 행정관, 안전행정부 인사기획관, 경기도 부지사, 한반도선진화재단 대표, 21대 국회의원

박은철
연세대 예방의학과 교수
코로나19 과학적 방역체계 설계자

문재인정부의 코로나19 방역체계에 대해 '비과학적'이라고 비판 목소리를 높여온 전문가다. 전문가들이 2020년 바이러스 확산 초기에 '중국발 입국 금지'를 통해 감염 원인을 차단해야 한다고 강조했는데 정부가 정치적 이유로 이를 묵살하면서 코로나 방역이 초기에 혼선을 겪었다는 게 박 교수의 주장이다. 박 교수가 윤석열 후보 캠프 정책본부의 보건바이오의료정책분과위원장을 맡으면서 정치권의 방역체계 전면 개편 주장도 힘을 받았다.
21대 국회의원 총선에서 국민의힘 전신 미래통합당의 위성 정당 미래한국당의 비례대표 공천을 신청하며 의사 출신 국회의원에도 도전장을 내밀었다.

출 생 1962년 대구
학 력 서울 대광고, 연세대 의학 학사, 동 대학원 보건학 석·박사, 미국 존스홉킨스대 보건정책 박사후과정
경 력 연세의대 예방의학교실 교수, 건강보험심사평가원 조사연구실장, 국립암센터 국가암관리사업단장, 대한의사협회 의료정책연구소장, 대한예방의학회 학술위원장, 연세의료원 의과학연구처장, 한국보건행정학회장

박정하
선거대책본부 공보부단장
적이 없는 부드러운 카리스마 대변인

청와대 대변인과 오랜 방송 경험이 빚어낸 부드러운 말투와 달변은 방송을 통한 대선 여론전에서 빛을 발했다. 원만한 성격으로 계파와 관계없이 당내 인맥이 두루 넓고 깊은 것도 그의 장점 중 하나다. 1994년 박찬종 전 의원의 보좌역으로 정치권에 입문했다. 당시에 인연을 맺은 인물이 조해진 의원이다. 이후 안상수 인천광역시장 후보 선거대책본부에서 비서관으로 일하다 선거 승리 후 2003년 인천시 사정비서관으로 발탁됐다. 2007년에는 이명박 당시 후보 캠프에 합류해 선거 승리에 기여했으며 청와대에서 홍보수석실 선임행정관, 춘추관장, 대변인 등을 지냈다. 이때 이동관 전 수석, 김은혜 의원 등과 인연을 맺게 됐고, 지금까지도 호흡을 맞추고 있다. 2014년부터는 원희룡 제주도지사의 요청으로 제주도 정무부지사로 일했으며, 박근혜 전 대통령 탄핵 이후에는 바른정당에 합류해 유승민 당시 대선후보의 대변인으로 활동했다. 21대 총선 때 고향 원주에서 출마해 이광재 민주당 의원에게 석패했다.

출 생 1966년 강원 원주
학 력 원주진광고, 고려대 농경제학과
경 력 인천광역시장 비서관, 청와대 춘추관장, 청와대 대변인, 제주도 정무부지사, 바른
정당 수석대변인, 국민의힘 원주갑 당협위원장

박주선

전 국회부의장

후보 경선부터 윤 당선인 호남 공략 조력한 4선 중진

2000년도 16대 총선부터 호남 지역에서 활약하며 4선 의원, 국회부의장까지 지낸 중진 정치인이다. 20대 총선에서 민주당 분당 사태 때 국민의당으로 몸을 옮겨 당선됐지만, 민생당 소속으로 출마한 21대 총선에서 3위에 그치며 고배를 마셨다. 2021년 10월 윤석열 당선인을 지지한다고 선언했다.

전라남도 보성군 출신이지만 보수 정권에서 검사로 재직하며 검찰총장 후보군에 오를 정도로 승승장구했다. 김대중정부에서 청와대 법무비서관으로 발탁되며 엘리트 코스를 달리던 중 '옷 로비 사건' 정보 유출 의혹을 받은 것을 계기로 검찰을 떠나 정계에 입문했다. 초선 때는 전남 보성화순에서 당선됐으며, 이후 18~20대 총선은 광주 동 지역구에서 당선됐다.

20대 대통령 선거를 앞두고 국민의힘 경선 과정에서부터 윤 당선인을 지지하고 나섰다. 검찰 선배인 박 전 부의장을 윤 당선인이 직접 설득해 영입한 것으로 전해진다. 지난 대선에서부터 국민의힘의 호남 민심 잡기가 본격화돼 지역 활동에서 중책을 맡을 것으로 관측된다.

출 생	1949년 전남 보성
학 력	광주고, 서울대 법학과
경 력	대검찰청 중앙수사부 수사기획관, 대통령비서실 법무비서관, 16 · 18 · 19 · 20대 국회의원, 20대 국회 전반기 국회부의장, 바른미래당 공동대표

신범철

경제사회연구원 외교안보센터장

보수의 외교안보 골든마이크

국민의힘 선거대책위원회 외교안보 정책본부 총괄 간사를 맡아 윤석열 후보를 도왔던 신범철 박사는 법학 박사 출신으로, 1995년 한국국방연구원에서 연구자 생활을 시작했다. 한국국방연구원 국방정책연구실장, 국방현안연구팀장, 북한군사연구실장 등을 거쳐 국방 분야에서 잔뼈가 굵다. 박근혜정부의 외교안보 핵심인 윤병세 전 외교부 장관과의 인연으로 외교부에서 정책기획관으로 일하기도 했다. 이후 국립외교원 교수, 아산정책연구원 선임연구위원 등을 역임하면서 청와대 국가위기관리실, 국회 외교통일위원회, 국방부, 한미연합사령부 등의 자문위원으로 활동하기도 했다. 신 박사는 2020년 1월 자유한국당에 영입되면서 21대 국회의원 선거에서 미래통합당 후보로 천안갑 선거구 공천을 받았으나 낙선했다. 이후 경제사회연구원 외교안보센터장으로 자리를 옮기면서 라디오 · TV · 팟캐스트 · 유튜브를 종횡무진하는 보수세력의 외교안보 관련 골든마이크로 불린다.

출 생 1970년 천안
학 력 북일고, 충남대 법학, 서울대 법학 석사, 조지타운대 법학전문대학원 법학 박사
경 력 한국국방연구원 국방정책연구실 실장 · 국방현안연구팀 팀장, 국방부 장관정책보좌관, 국방연구원 북한군사연구실 실장, 외교부 정책기획관, 국립외교원 교수, 아산정책연구원 안보통일센터장, 경제사회연구원 외교안보센터장

신평

변호사

'법원의 휘슬블로어' 문재인 지지에서 윤석열 지지로

'법관 재임용 탈락 1호'라는 수식이 따라붙는 신평 변호사는 1981년 사법시험 23회에 합격해 1983년 판사로 임용됐다. 1993년 한 주간지에 '사법부 부조리 공개 및 개혁 촉구 선언'이라는 제목의 내부 고발성 글을 기고했고 같은 해 재임용 대상 62명의 법관 중 유일하게 탈락한다. 이후 대구가톨릭대, 경북대 교수를 지내면서 사법 개혁을 위한 운동을 벌여왔다. 2010년에는 대구교육감 선거에 출마했다가 낙선했다. 오랜 기간 로스쿨 교수로 활동하면서 로스쿨 제도를 비판했다. 저서 '로스쿨 교수를 위한 로스쿨'에서 입시 청탁이 횡행한다는 사실을 밝혀 화제가 되기도 했다.

2017년 대선에선 문재인 대통령 캠프에 합류해 공익제보자위원회 위원장을 맡았다. 문재인정부에서 대법관과 감사원장 후보로 물망에 올랐다. 그러나 2019년 김명수 대법원장, 조국 전 법무부 장관 등을 향해 '사법 개혁 의지가 없다'고 비판했다. 2021년 7월 윤석열 당선인 공개 지지를 선언했다. 민주당계 정당에서 4선 의원을 지냈다 국민의힘에 합류한 조배숙 전 의원의 전남편이기도 하다.

출 생 1956년 대구
학 력 경북고, 서울대 법학 학사, 서울대 대학원 법학 석사, 영남대 대학원 법학 박사
경 력 인천지방법원 · 서울지방법원 · 대구지방법원 판사, 대구가톨릭대 교수, 경북대 교수, 한국 헌법학회장

안상훈
서울대 사회복지학 교수
尹의 복지 정책 담당자

안상훈 서울대 사회복지학과 교수는 진보 · 보수를 넘나드는 복지 전문가다. 노무현정부에서는 보건복지부 정책평가위원을 지냈으며 박근혜 대통령이 당선되자 인수위원회 고용복지분과 위원을 맡았다. 복지 강국인 스웨덴의 스톡홀름대에서 비교사회정책 석사 학위를 취득했다. 안 교수는 한국에서 '스웨덴 복지 모델'을 가장 잘 아는 전문가로 꼽힌다. 특히 안 교수는 현금 지급보다는 '서비스형 복지'를 강조하며 성장과 복지가 선순환해야 한다는 주장을 펼쳐왔다. 18대 대선에서는 "돈을 주는 복지는 효과가 없는 것으로 나타났다"며 "특정 대상을 타깃으로 서비스를 지급하는 복지가 한국형 복지로 자리 잡아야 한다"고 밝힌 바 있다. 실제로 안 교수는 박근혜정부 인수위원회에서 이 같은 복지국가전략론을 바탕으로 정책 초안을 설계했다. 이번 대선에서는 윤석열 캠프 정책자문단에서 사회분과 간사를 맡았다. 안 교수는 김기춘 전 청와대 비서실장의 사위이기도 하다.

출 생 1969년 서울
학 력 서울대 사회복지학과, 스톡홀름대 비교사회정책 석사
경 력 서울대 사회복지학과 교수, 보건복지부 정책자문위원, 대통령 자문 사람입국일자리위원
　　　 회 · 정책기획위원회 위원

안재빈
서울대 국제대학원 교수
IMF 출신의 경제 전문가

안재빈 서울대 국제대학원 교수는 2021년 8월 당시 윤석열 후보의 공약 개발을 맡을 정책자문단이 정식 출범하면서 선거 캠프에 합류했다. 선거 캠프 경제 정책의 핵심 브레인으로 꼽히는 김소영 서울대 경제학과 교수와의 인연으로 캠프 활동에 참여하게 됐다. 2011년 미국 워싱턴DC 국제통화기금(IMF)에 입사해 이코노미스트로 활약하며 구조개혁, 대외 부문 평가, 자본 흐름 관리 방안 등에 대한 업무를 담당해 글로벌 감각을 갖췄다. 2018년 서울대 국제대학원으로 자리를 옮겼다. 학부 시절 공학도였던 그는 경제학에 흥미를 느껴 대학원부터 진로를 변경해 대학원 경제학과를 수석으로 졸업하기도 했다. 이후 미국으로 유학을 떠나 컬럼비아대에서 경제학 박사를 취득했다. 박사 학위 취득 후 IMF와 미국 중앙은행(Fed)에 동시에 합격한 후 한국인으로서 역할을 더 할 수 있는 IMF행을 택하기도 했다.

출 생 1978년 서울
학 력 언남고, 연세대 금속공학과, 연세대 경제학 석사, 컬럼비아대 경제학 박사
경 력 IMF 이코노미스트

오정근
한국금융ICT융합학회 회장
디지털 금융 핵심 전문가

2016년 새누리당 비상대책위원으로 활동하며 정치권과 인연을 맺어온 오정근 한국금융
ICT융합학회 회장은 대선 당시 캠프에서 공약비교위원장과 디지털화폐금융융합혁신추
진단장으로 활동했다. 1979년 한국은행에 입행해 외환연구팀장과 국제연구팀장을 역
임했다. 한국은행 통화연구실장을 거쳐 금융경제연구원 부원장으로 퇴임한 후 고려대
경제학과 교수로 자리를 옮겼다. 그래서 통화 정책과 각종 경제 이슈에 대해 기고하거나
방송에 출연해 의견을 내는 활동을 많이 해왔다. 인터넷은행, 핀테크, 가상자산 등 디지
털금융 분야에서 손꼽히는 전문가이기도 하다. 2019년에는 한국이 디지털금융의 세계
중심지로 발전하는 데 기여하기 위해 글로벌코인평가를 설립하고 블록체인 프로젝트 평
가의 글로벌 스탠더드 구축에 앞장서기도 했다.
디지털화폐금융융합혁신추진단장으로 활동하면서 조명희 · 이영 · 김영식 등 현직 의원들
과 캠프에서 활약했던 다른 전문가들과 함께 정보통신기술(ICT) 분야 정책을 발굴했다.

출 생 1951년 경남 진주
학 력 고려대 경제학과, 맨체스터대 경제학 석 · 박사
경 력 한국은행 통화연구실장, 금융경제연구원 부원장, 고려대 경제학과 교수, 건국대 특임교수

왕윤종

동덕여대 국제경영학과 교수

'최태원의 경제교사'에서 윤 당선인의 공약 개발자로

왕윤종 동덕여대 국제경영학과 교수는 '국제 경제통'이다. 국책연구원인 대외경제정책연구원에서 국제거시금융실장과 세계지역연구센터 소장을 지냈다. 이후 SK그룹에 스카우트됐다. SK경영경제연구소 전무와 SK그룹 수펙스추구협의회 사회적기업팀장 등을 역임했다. 당시 최태원 SK그룹 회장에게 글로벌 경제와 사회적 기업에 대한 보고서를 자주 올렸다고 알려졌다. 이로 인해 그룹 안팎에서 '최태원의 경제 교사'로 불렸다. SK그룹에 재직하며 중국한국상회 회장과 SK차이나 수석부총재를 지냈다. 현대중국학회장을 맡기도 한 만큼 중국 경제에 대한 이해도가 깊다. 국민의힘 중앙선거대책위원회에선 국민공감미래정책단의 공동단장을 맡았다. 미래정책단은 정책총괄본부를 뒷받침하는 조직으로 국민 여론을 수렴해 생활 밀착형 공약을 내놓는 역할을 했다. 왕 교수는 대선 기간 윤석열 당선인의 중원 공략 베이스캠프였던 새시대준비위원회에서 공약지원본부장으로도 일했다.

출 생 1962년 서울

학 력 인창고, 서울대 경제학과, 미국 예일대 경제학 박사

경 력 대외경제정책연구원 세계지역연구센터 소장, SK경영경제연구소 전무, SK그룹 수펙스추구협의회 사회적기업팀장, 동덕여대 국제경영학과 교수, 윤석열 캠프 국민공감미래정책단 단장, 새시대준비위원회 공약지원본부장

우승봉

국민의힘 선거대책본부 공보부단장

윤 당선인의 정치 입문 때부터 함께한 공보 전문가

우승봉 국민의힘 선거대책본부 공보부단장은 윤석열 당선인의 정치 입문 초기부터 함께한 핵심 실무진이다. 윤 당선인이 2021년 6월 대선 출마 선언을 앞두고 캠프 공보팀장으로 영입했다. 윤 당선인이 당내 경선에서 승리해 국민의힘 선거대책위원회가 발족했을 때 총괄공보팀장을 맡았다. 선거 유세 현장 전반의 공보 업무를 챙겼다. 이후 선대위가 해체되고 당 조직이 선거대책본부로 정비된 후 공보부단장으로 직급이 오르는 등 꾸준한 신뢰를 받았다. 그는 조선일보 기자 출신으로 국회의원 보좌관, 안전행정부 장관 정책보좌관을 역임한 바 있다. 인천시 대변인에 임명되며 본격적인 공보 경력을 쌓았다. 청와대 행정관으로 근무했으며 외국계 기업에 잠시 몸담은 이력도 있다.

출 생   1973년 부산
학 력   부산 동아고, 성균관대 신문방송학과, 연세대 정보대학원 석사(수료)
경 력   조선일보 기자, 유정복 국회의원 보좌관, 안전행정부 장관 정책보좌관, 인천시 대변인, 청와대 행정관, 국민의힘 선대본부 공보부단장

유석현

전 청와대 행정관

광화문 대통령 시대 기획 입안자

선거와 국정 태스크포스(TF)의 약방 감초 같은 인물이다. 윤석열 캠프 코로나19 대응 TF에서 일했고, 청와대 개편 TF에서 일했다. 광화문 대통령 시대 기획을 입안하고 청와대 개편안을 만들었다. 루틴하게 흘러가는 일보다는 예정에 없이 발생하는 문제 해결과 갑자기 발생하는 임무 수행에 탁월하다. 윤석열 선거대책위원회에서 정책부실장을 맡고 있었는데, 2022년 초 선거대책본부로 개편하는 과정에서 윤석열 당시 후보가 직접 정책전략실장을 맡겼다. "'압도적 승리'가 필요하다" "문재인정부는 '약탈 국가'"라는 조어가 그의 머릿속에서 나왔다. 대학 졸업 후 SBS에서 PD로 일을 시작했다가 전재희 전 한나라당 의원과 인연이 닿아 2002년 보좌관으로 국회에 입성했다. 전 전 의원과의 인연으로 이명박정부 청와대 국정기획수석실에서 행정관으로 일했다. 청와대 행정관 당시에도 일상적인 업무가 아닌 세종개발프로젝트를 진두지휘했다. 이명박정부를 끝으로 공직을 떠난 후에는 민간에서 지인과 벤처캐피털을 운영하며 경험을 쌓았다.

출 생   1970년 부산

학 력   부산 해동고, 연세대 정치외교학과

경 력   SBS, 국회의원 보좌관, 청와대 국정기획수석실 행정관, 윤석열 선거대책본부 정책전략실장

유종필

전 관악구청장

윤 당선인의 중도 외연 확장 앞장선 정무 조언자

한겨레 창간을 함께한 기자 출신인 유종필 전 관악구청장은 1995년 이해찬 당시 서울시 부시장의 보좌진으로 정계에 입문한 뒤, 김대중정부의 청와대 정무비서관 등을 지냈다. 2002년 민주당 대선후보 경선에선 노무현 당시 대선 예비후보의 공보특보를 맡아 노무현 정권 탄생에 기여했다는 평가를 받았다. 이후 2010년부터 민선 5·6기 서울 관악구청장을 역임했고, 2020년 21대 총선 때는 민주당 소속으로 서울 관악을 지역구에 예비후보로 출마했으나 경선에서 떨어졌다. 2021년 8월 더불어민주당을 탈당하고 윤석열 캠프에 합류했다. 유 전 구청장은 "지금 민주당에는 나처럼 합리적인 사람이 숨 쉴 공기가 한 줌도 남아 있지 않다"며 합류 이유를 밝혔다. 합류 이후 윤석열 선거대책본부에서 후보특별고문직을 맡아 정무·공보 분야 자문에 나섰다. DJ정부 인사로서 옛 민주당 계열 인사들의 추가 영입에 일조했다는 평가를 받는다.

출 생 1957년 전남 함평

학 력 광주 광주제일고, 서울대 철학과, 동국대 언론학 석사

경 력 한국일보, 한겨레 기자, 서울시의회 의원, 23·24대 서울시 관악구청장, 국민의힘 선거대책본부 후보특별고문

유현석
홍보본부 수석부본부장
박근혜·윤석열 PI 담당한 '킹메이커'

LG애드 출신의 대통령이미지(PI) 전문가다. 2007년 대통령선거 경선 과정에서부터 선거대책위원회 홍보팀장을 맡아 박근혜 전 대통령을 도왔다. 당시 대선 슬로건이었던 '내 꿈이 이뤄지는 나라'와 박근혜 당선인 이름에서 초성만 모은 'ㅂㄱㅎ' 로고를 만드는 데 기여했다. 이후 청와대 홍보기획관실에서 선임행정관으로 근무한 그는 전문 분야인 PI 업무와 함께 행사 기획과 현장 수행 등을 담당했다. 윤석열 캠프엔 2021년 7월부터 홍보실장으로 합류했다. 선거에서 이겨본 대통령의 이미지를 만들어낸 경험을 높게 샀기 때문이다. 캠프 합류 이후 유 실장은 당시 윤석열 후보의 친근한 이미지 형성에 주력했다. 휴가 중 반려동물 사진을 SNS에 올리거나 민트초코 아이스크림 '먹방' 사진 등이 유 실장의 기획이다. 좌중을 둘러보는 '도리도리' 습관이나 앉을 때 다리를 크게 벌리는 '쩍벌'에 대한 '셀프 디스'로 친근감을 강화했다. 유 실장은 당시 윤 후보에게 도리도리 습관에 대해 "카메라에선 10도 정도만 고개를 틀어도 50도로 돌린 것으로 보일 수 있다"고 조언했고, 윤 후보가 이를 받아들여 개선한 것으로 알려져 있다.

출 생	1967년 서울
학 력	서울대 졸업
경 력	LG애드 근무, 18대 대선 박근혜 선대위 홍보팀장, 청와대 홍보기획관실 선임행정관, 윤석열 국민캠프 홍보실장, 국민의힘 선거대책본부 홍보본부 수석부본부장

윤희숙

전 국회의원

윤 당선인의 정치적 이상향이자 경제통

'임차인 연설'로 주목받은 여성 경제학자 출신 정치인이다. 재정 및 복지 분야의 전문가로서 국민의힘 당내에서 대표적인 경제통으로 꼽힌다. 별명은 '포퓰리즘 파이터'. 문재인정부의 경제 정책을 포퓰리즘이라며 강력하게 비판해왔다. 컬럼비아대 경제학 박사학위를 취득한 후 한국개발연구원(KDI) 연구위원으로 재직하며 다양한 연구 경력을 쌓았고 2015년 KDI 재정복지정책연구부 부장으로 승진해 재정 복지 분야의 전문성을 쌓았다. 여성 박사들 중 부장까지 승진한 몇 안 되는 연구원 중 한 명이다. 2020년 미래통합당에 영입된 이후 서울 서초갑에서 21대 국회의원으로 당선됐다. 국회의원 임기 중 '저는 임차인입니다'라는 임대차 3법 반대 연설로 세간의 관심을 받았다. 윤 전 의원은 윤석열 당선인과 직접적으로 접촉한 첫 번째 현역 의원이었다. 윤 당선인은 윤 전 의원을 정치적 이상형으로 꼽기도 했으며, 검찰총장 시절 그의 저서인 '정책의 배신'을 읽어본 적이 있다고 밝혔다.

출 생 1970년 서울
학 력 서울 영동여고, 서울대 경제학과, 서울대 경제학 석사, 컬럼비아대 경제학 박사
경 력 21대 국회의원, 한국개발연구원(KDI) 재정복지정책연구부 부장, KDI 국제정책대학원 교수

이상록
홍보본부 부본부장
최선임 대변인이자 윤 당선인 유튜브 콘텐츠 기획자

윤석열 국민캠프에서 2021년 6월 중순 두 번째로 발탁한 대변인이다. 당시 국민권익위원회 홍보담당관으로 일하던 그는 한 법조인의 추천으로 윤 후보를 만난 후 캠프 합류를 결정했다. 동아일보 법조팀장 출신인 이 부본부장은 조선일보 논설위원 출신의 이동훈 당시 대변인과 투톱 체제를 구축할 것으로 기대됐지만 이 전 대변인이 열흘 만에 사퇴 절차를 밟아 캠프 내에서 최선임 대변인 역할을 맡았다. 공식적인 언론 소통 창구 역할을 하던 이 부본부장은 2021년 10월 중순부터는 홍보특보로 임명돼 방송 프로그램 출연 등을 담당했다. 경선 과정부터는 tvN에서 8년간 PD로 일했던 경력을 살려 '석열이형TV' 유튜브를 기획하고 제작하는 업무를 맡았다. 코로나19로 대면 만남이 어려워지자 청년 세대와의 소통을 위해 캠프 차원에서 선택한 방법이다. 윤석열 당선인의 자연스러운 모습을 부각하며 진정성 있게 다가갈 수 있도록 도왔다는 평가를 받는다. 특히 본선 과정에선 윤 당선인이 직접 요리하고 시민들과 소통하는 콘텐츠인 '석열이형네 밥집'을 제작해 화제를 모았다.

출 생   1972년 서울
학 력   대일고, 고려대 신문방송학과
경 력   동아일보 법조팀장, tvN 교양제작총괄 CP, 국민권익위원회 홍보담당관, 윤석열
          국민캠프 대변인, 국민의힘 선거대책본부 홍보본부 부본부장

이상민

법무법인 김장리 대표변호사

윤 당선인과 오랜 동문인 판사 출신 법조인

판사 출신 법조인이다. 충암고와 서울대 법학과를 졸업했다. 윤석열 당선인과 고등학교·대학교 선후배 사이인 셈이다. 28회 사법시험에 합격한 뒤 1992년 서울형사지법 판사로 법조인의 길을 걷기 시작했다. 사법연수원 기수는 18기다. 이후 광주지법 순천지원 판사, 서울고법 판사, 춘천지법 원주지원장, 대법원 재판연구관 등을 두루 역임했다. 법원행정처 기획조정실에서 법무담당관과 기획담당관을 거치며 행정 업무도 도맡았다. 2007년부터 법무법인 율촌에서 변호사 생활을 시작했다. 정치권과는 새누리당 중앙윤리위원회·정치쇄신특별위원회 위원을 맡으며 인연을 맺었다. 18대 대통령직인수위원회 정무분과 전문위원으로 발탁되기도 했다. 박근혜정부에서 국민권익위원회 부위원장에 임명돼 중앙행정심판위원장 업무까지 겸직했다. 법무법인 김장리 대표변호사로 활동하다 윤 당선인을 돕기 위해 여의도로 복귀했다. 대선 기간 후보 비서실에서 정책 메시지를 다루는 정무위원으로 근무했다.

출 생 1964년 서울
학 력 충암고, 서울대 법학과
경 력 사법연수원 18기, 서울고등법원 판사, 법원행정처 기획담당관, 대법원 재판연구관, 법무법인 율촌 변호사, 국민권익위원회 부위원장, 법무법인 김장리 대표변호사

이상휘

전 방송통신심의위원

윤 당선인이 콕 찍은 선거와 언론의 달인

2021년 12월 초. 경선 컨벤션 효과가 다하고 김종인 전 비상대책위원장의 선거대책위원회 합류가 불투명해 지지율이 하락세를 그리던 시기, 당시 윤석열 후보가 직접 삼고초려해서 영입한 인물이다. 이 전 위원은 방송통신심의위원회에 전격적으로 사의를 표명하고 윤석열 선대위 기획실에 합류했다. 대선, 총선, 지선 등 다양한 선거를 경험한 선거 기획통이다. 20대 총선 때 직접 서울 동작에 도전장을 냈으나 낙마했다. 이명박정부 당시 청와대 춘추관장과 홍보기획비서관을 지냈고, 인터넷 언론 데일리안 대표와 불교방송 라디오 진행을 맡아 언론 감각도 뛰어나다. 방송통신심의위원으로 활동하게 된 계기도 그의 풍부한 언론 경험이 바탕이 됐다. 세명대 교양학부 교수와 위덕대 부총장을 역임했다. 정치권에 입문하기 전에는 포항의 가난한 집안에서 태어나 간신히 실업계 고등학교를 졸업하고, 부두 하역 노동자로 일했다. 38세에 늦깎이 대학생, 50대에 언론학 박사가 된 입지전적인 인물이기도 하다.

출 생	1963년 경북 포항
학 력	포항해양과학고, 용인대, 성균관대 대학원 언론학 박사
경 력	동방그룹 비서실, 서울시청 비서실, 청와대 춘추관장, 세명대 교수, 데일리안 대표, 위덕대 부총장, 새누리당 대변인, 방송통신심의위원

이석준
전 국무조정실장
윤 당선인의 정책을 총괄하는 예산통

'친(親)윤석열 관료 그룹'의 핵심으로 꼽힌다. 박근혜정부에서 기획재정부, 미래창조부 차관과 장관급인 국무조정실장을 지낸 정통 경제 관료다. 1983년 행정고시 합격 이후 재정경제부 총무과장, 정책조정국장, 금융위원회 상임위원 등의 직위를 지내며 기획재 정부 내의 예산통으로 성장했다. 2021년 6월 윤석열 당시 후보가 정치권에 입문하자마 자 영입한 '1호 인사'이기도 하다. 당시 오세훈 서울시장 밑에서 서울비전 2030위원회 총괄위원장직을 맡고 있었기 때문에 윤 후보가 직접 오 시장에게 전화를 걸어 양해를 구 했다고 한다. 영입 후 캠프 내에서 정책자문 총괄 간사를 맡아 윤 후보의 정책 비전을 뒷 받침했다. 이후 선거대책본부에서는 후보특별고문으로 물러났지만 집권 후 경제부총리 임명설이 나오고 있다. 국정 운영에 참여한 경험이 있어 즉시 기용이 가능한 인재 풀로 윤석열 당선인의 신뢰를 얻고 있으며 윤 당선인과 재학 시절부터 친분을 이어온 것으로 알려진다.

출 생   1959년 부산
학 력   부산 동아고, 서울대 경제학 학사, 매사추세츠공대 경영학 석사
경 력   기획재정부 2차관, 국무조정실장, 국민의힘 선거대책본부 후보특별고문

이수정

정책본부 정책위원

여성가족부 폐지 대신 여성 범죄 근절 정책 주도

경기대 범죄심리학과 교수로 재직하면서 여성 및 치안 관련 전문가로 이름을 알렸다. 진영을 가리지 않고 각 정당의 여성 및 치안 정책 자문에 응하는 역할을 여러 차례 맡았다. 경선 과정에서부터 윤석열 당시 국민의힘 후보의 러브콜을 받았고, 결정적으로 선거대책위원회 합류를 결정하게 된 것은 더불어민주당 대선후보로 이재명 후보가 확정되면서로 전해진다. 선대위 해체 전에 공동선대위원장직을 맡아 '범죄피해자 보호제도' 정책을 발표하는 등 적극적인 행보를 보였다. 그는 범죄피해자 지원을 위한 통합전담기관을 신설해 디지털 성범죄 피해자들의 영상물 삭제를 지원하고 스토킹처벌법 반의사불벌죄를 폐지하는 등의 공약을 주도했다. 또 여성 범죄를 근절하기 위한 공약 마련에도 힘썼다. 여성 범죄와 고용 불평등 문제에 대해 법무부와 고용노동부에 전담기구를 설치하는 정책과 통합 가정법원에 형사처벌 선고권을 부여하는 정책을 발주해 공약화에 성공했다. 이는 여성단체에서 십수 년 동안 하지 못했던 숙원 사업이기 때문에 현행 여성가족부를 유지하는 것보다 오히려 더욱 양질의 여성 보호 정책이 마련될 것이란 평가가 나온다.

출 생 1964년 부산
학 력 예일여고, 연세대 심리학, 연세대 사회심리학과 석·박사
경 력 경기대 일반대학원 범죄심리학과 교수, 경기대 인재개발처장, 법무부 감찰위원회
       위원, 한국여성심리학회 회장, 국민의힘 공동선대위원장, 국민의힘 선거대책본부
       여성본부 고문

이영수

뉴한국의힘 회장

보수 진영 조직의 달인

1992년 14대 대통령선거 때부터 보수 진영의 청년 조직을 이끄는 등 자타 공인 오랜 '조직통'이다. 30년 가까이 야권의 외곽 조직을 이끌며 당을 지원해오면서 '그늘 속 실세'로 불리기도 한다. 14대 대선 당시 김영삼 민주자유당 후보의 수행단장을 지냈고, 15·16대 대선에선 이회창 한나라당 후보의 경호실장을 맡았다. 이후에도 대선 때마다 캠프에서 주요 직책을 맡았다. 17대 이명박 한나라당 후보 캠프 유세본부장, 18대 박근혜 새누리당 후보 중앙선거대책위원회 직능6총괄본부장, 19대 홍준표 자유한국당 후보 선대위의 유세지원특별본부장 등으로 이름을 올렸다.

특히 이 과정에서 '뉴한국의힘'이라는 조직을 결성했는데, 전국 18개 지부, 252개 지회, 20여 개 해외 지부에 30만명의 회원을 보유한 것으로 알려져 있다. 이번 대선에서도 이 회장은 조직통합본부장을 맡아 윤석열 당선인을 지원했다. 윤 당선인은 2021년 7월에야 입당해 당내 마땅한 세력이 없다시피 했지만, 빠르게 보수 진영을 결집해내며 당원 투표 비중이 높은 경선에서 승리할 수 있었다.

출 생   1955년 대구
학 력   서울 경신고, 한양대
경 력   뉴한국의힘 회장, KDMC 회장

이왕근

전 공군참모총장

文의 첫 공참총장서 尹캠프 국방전략 책사로

이왕근 전 공군참모총장은 김용우 전 육군참모총장과 같이 문재인정부 첫 공군참모총장 출신으로 윤석열 국민의힘 대선후보 진영에 합류해 국방혁신 4.0특별위원회 공동위원장을 맡았다. 공군사관학교 31기로 군문에 들어서 1983년 소위로 임관했다. 제5전술공수비행단장과 공군본부 정보작전지원참모부장, 교육사령관, 작전사령관 등의 요직을 두루 거쳤다. 합동참모본부 군사지원본부장 재직 당시 군의 통합작전 지속 능력과 효율적인 인사·군수 지원체계를 발전시킨 공로를 인정받고 있다. 공군 작전사령관 재임 시절에는 북한의 핵·미사일 도발에 대응해 미국 전략자산과의 연합작전을 주도하고 강력한 대북성명을 발표하기도 했다.

F-4가 주 기종으로 약 2900시간의 비행 기록을 가진 베테랑 전투 조종사 출신이다. 공사 31기 동기생 가운데 가장 먼저 중장으로 진급한 바 있다. 두 아들도 모두 아버지의 뒤를 이어 공사와 공군 학사장교 출신으로 군에 몸담고 있다.

출 생	1961년 대전
학 력	공군사관학교 31기
경 력	합동참모본부 군사지원본부장, 공군 작전사령관, 교육사령관, 정보작전참모부장, 제5전술공수비행단장

이용호
국민의힘 의원
계파 없이 직언 날리는 탈(脫)민주당 중추

윤석열 당시 국민의힘 대선후보는 2021년 12월 6일 선거대책위원회 출범식 연설에서 "중도와 합리적 진보로 지지 기반을 확장하겠다"고 말했다. 이용호 의원은 이 공언을 상징하는 실체인 탈(脫)민주당 그룹의 중추를 맡고 있다. 2021년 12월 전북도 내 10개 지역구 중 유일하게 무소속으로 남아 있던 이 의원이 국민의힘 입당을 선언한 것은 윤석열 당선인의 후보 시절 만남이 큰 영향을 끼쳤다. 2021년 7월 전화 통화를 통한 첫 접촉을 시작으로 수차례의 비밀 회동 후 이 의원은 국민의힘에 입당해 선거대책위원회의 공동선대위원장으로 임명됐다. 윤 당선인의 대선 첫 번째 찬조 연설자로 나서기도 했다. 보수 성향이 짙은 국민의힘 속에서 어느 계파에도 속하지 않은 그는 윤 당선인에게 톡 쏘는 말로 앞으로 나아가야 할 방향 제시에 힘써왔다. 이뿐만 아니라 호남 외연 확장을 위한 교두보 마련 역할도 충실히 이행했다는 평가를 받는다.

출 생 1960년 전북 남원
학 력 전북 전주고, 서울대 산업공학과
경 력 20 · 21대 국회의원, 전 국민의힘 선거대책위원회 공동선대본부장, 국민의힘 선거대책본부 정권교체동행위원회 대외협력본부장

이한준

전 경기도시공사 사장

GTX 최초 설계자

대학에서 도시공학을 공부하고, 대학원에서 교통 분야 및 도시계획 박사 학위를 받았다. 1979년 한국과학기술연구원(KIST) 부설 지역개발연구소에서 신행정수도 이전에 관한 연구를 시작으로 27년간 도시 및 교통 분야 전문가로 활동했다. 2006년 김문수 경기도 지사 후보 선거에 참여해 그가 당선되자 경기도지사직 인수위원(총괄 간사)으로 활동했다. 2006년 7월부터 도지사 정책특별보좌관으로 임명돼 경기도의 주요 교통 정책과 개발 프로젝트를 담당했다. 당시 경기도 공약이 대심고속철도, 즉 GTX 철도 건설이었고, 이를 최초로 설계했다. 2008년 6대 경기도시공사 사장으로 취임했다. 공사 내부 비리의 악순환을 끊기 위해 경기도로부터 전문 감사 공무원 2명을 파견받아 감사 기능을 강화했고, 설계 심의 및 토지 감정평가보상 업체 선정 기능을 경기도와 협회로 이관하는 등 기관의 공공성·투명성을 강화했다는 평가를 받았다. 20대 국민의힘 선거대책위원회에 합류해 경기도 분당·일산·평촌·산본·중동 등 1기 신도시 재정비, GTX의 연장과 신설 관련 정책을 조언했다.

출 생 1951년 전북 정읍
학 력 한양대 도시공학과, 홍익대 도시계획학 박사
경 력 한국교통연구원 부원장, 김문수 경기도지사 정책특별보좌관, 경기도시공사 사장

장석명
전 청와대 공직기강비서관
정권 교체 열망이 불러낸 정책·행정 기획력

장석명 전 청와대 공직기강비서관은 윤석열 선거대책본부에서 국민공감미래정책단 정책
회의 총괄부위원장으로 함께했다. 이명박정부 시절 청와대 요직을 맡았다는 이유로 갖
은 고초를 겪은 탓에 절대로 정치권에 돌아오지 않겠다는 결심을 굳힌 터였지만, 이번만
큼은 정권 교체 열망에 부응해야 하지 않겠느냐는 오랜 설득 끝에 합류했다. 대구·경북
(TK) 출신의 수재로 평범한 공직자를 추구했던 그는 이명박 서울시장을 만나면서 본인
만의 기획력과 창의성을 발휘하기 시작했다. 이를 눈여겨본 당시 이 시장은 그를 중소
기업과장, 산업지원과장 등으로 썼고, 각별한 신임을 줬다. 장 전 비서관과 함께 일했
던 서울시청 동료는 그를 가리켜 "단점이 없는 게 단점"이라며 극찬한 바 있다. 업무뿐
만 아니라 대인관계도 타의 추종을 불허했다. 이를 바탕으로 이명박 정권이 출범하자 대
통령직인수위원회 전문위원을 거쳐 청와대 국정기획수석실 선임행정관으로 발탁됐으며,
공직 사회를 현미경처럼 들여다보는 민정수석실 공직기강팀장으로 활약했다.

출 생 1964년 경북 예천
학 력 대구 계성고, 서울대 정치학과
경 력 행정고시 30회, 서울시 정책기획관, 영등포구청 부구청장, 청와대 공직기강비서
　　　 관, 한국산업기술대 교수

장예찬
청년본부장
참모 1호

대외적으로 윤석열 당선인이 정치권에 들어온 뒤의 '참모 1호'로 알려져 있다. 윤 당선인이 검찰총장 사퇴 이후 장 본부장에 대한 호감을 지속적으로 표했고 2021년 5월 말께 전격적으로 만난 후 마음을 맞혔다. 특히 장 본부장이 가진 생각을 청년 세대의 것으로 인정한 윤 당선인이 "나나 내 주변이 꼰대라서 생각을 다르게 하는 것일 수 있다"고 말한 것으로 알려져 있다. 첫 만남 자리에 장 본부장이 윤 당선인이 만나야 할 청년들의 리스트를 두 장으로 정리해 들고 갔고, 이는 윤 당선인이 K-9 자주포 폭발사고 피해자 이찬호 씨, 천안함 생존장병 전준영 씨, 탈원전 정책에 반대하는 김지희 씨를 차례로 만나는 계기가 됐다. 경선 과정에서는 청년특보 역할을 맡아 윤 당선인에게 청년들의 목소리를 전달하고 그들과 주파수를 맞출 수 있도록 도왔다. 그는 선거대책위원회 공식 출범 이후엔 청년본부장을 맡아 윤 당선인에게 유능한 청년 인재들을 소개하는 역할도 수행했다. 특히 윤 당선인의 아이디어인 '청년보좌역'들을 장 본부장이 주도해서 선발했다. 또 선거유세 과정에선 청년유세단을 조직해 운용하기도 했다.

출 생 1988년 부산
학 력 부산 배정고, 네덜란드 마스트리히트 국립음대 재즈학 중퇴
경 력 서던포스트 정책실장, 여의도연구원 객원연구위원, 시사평론가, 윤석열 국민캠프
　　　청년특보, 국민의힘 선거대책본부 청년본부장

장지훈

국민의당 공보부단장

안철수 대표 측근인 공보 스페셜리스트

윤석열 당선인의 향후 국정 운영 파트너가 될 안철수 국민의당 대표를 가장 지근거리에서 보좌하고 수행한 인물이다. 이 때문에 안 대표가 공식 일정을 소화할 때 그 곁에서 가장 많이 포착된다. 대학생 시절부터 민생당, 국민의당 등에서 전국청년위원회 보직을 맡아 청년 정치에 뜻을 품었다. 지속적으로 공보 분야에서 활동해온 그는 오랜 기간 안 대표를 보좌하며 신임을 받고 있다. 지난 2017년 대선 국면에서는 국민의당 전국청년위원회 특보단장을 맡았고, 이후 바른정당과 국민의당이 합당해 만들어진 바른미래당에선 혁신위원회 간사로 활동했다. 지난 20대 총선에선 선거대책위원회 대변인직을 수행했고, 이번 대선에서는 공보부단장 역할을 맡았다. 언론과의 인터뷰나 질의응답 전에 전체적인 상황에 대해 장 부단장이 안 대표에게 설명하고 의견을 교환하는 모습을 자주 볼 수 있다. 1990년생인 30대 초반의 참모답게 안 대표에게 젊은 감각을 불어넣어주는 역할도 하고 있다. 'G식백과' '삼프로TV' 등 유명 유튜브 채널에 출연해 안 대표의 정보력을 보여준다거나 '철수마켓' 등 국민의당 측의 콘텐츠 마련에 힘을 보탰다.

출 생 1990년 전남 순천
학 력 전남 순천고, 고려대 북한학과, 고려대 정치학 석사
경 력 민생당 전국청년위원회 부위원장, 국민의당 선거대책위원회 전국청년위원회 특보
단장, 바른미래당 혁신위원회 간사, 국민의당 선거대책위원회 대변인, 국민의당 선
거대책위원회 공보부단장

정갑영
국민의힘 정책본부 문화체육관광정책분과 위원장

윤 당선인의 문화·예술 공약 설계자

문화 · 예술 · 관광 분야 전문가다. 한국문화관광연구원장으로 재직했다. 경희대 경영대
학원 예술경영학과 강사, 청운대 공연기획경영학과 초빙교수로 근무했다. 한국문화재
정책연구원, 한국문화예술교육진흥원, 경기문화재단, 부천문화재단에서 이사직으로 활
동하기도 했다. 이 같은 경력을 인정받아 윤석열 당선인의 문화 · 예술 공약을 만드는 데
일조했다. 국민의 문화기본권을 보장하기 위해 기초생활수급자, 차상위계층 등 263만
명에게 1인당 10만원씩 지급되는 문화누리카드 지원금을 단계적으로 인상하는 내용을
담았다. 이 밖에도 지역별 문화 격차를 해소하기 위해 지역의 문화기반시설 설립을 지원
하고 고유한 특성을 가진 문화도시를 신규 지정하는 방안을 제시했다.

<table>
<tr><td>출 생</td><td>1954년 경기 이천</td></tr>
<tr><td>학 력</td><td>중앙고, 한국외대, 독일 튀빙겐대 사회학과 사회학 박사</td></tr>
<tr><td>경 력</td><td>한국문화관광연구원장, 경희대 경영대학원 예술경영학과 강사, 청운대 공연기획경
영학과 초빙교수, 한국문화재정책연구원 이사, 한국문화예술교육진흥원 이사, 국
민의힘 선거대책본부 정책본부 문화체육관광정책분과 위원장</td></tr>
</table>

정기석

한림대 의료원장

새로운 방역 밑그림을 그릴 전문가

경북고를 졸업하고 서울대 의학대학을 졸업한 뒤 내과 전문의 자격을 취득했다. 1993년 박사 학위를 취득하고 한림대 교수로 활동한 후 한림대 성심병원 원장을 거쳐 퇴임 후 한림대 의료원장으로 재직하고 있다. 폐 감염과 만성기도질환 분야 권위자로 불리는 그는 지금까지 국내외에서 발표한 논문이 160편을 넘는다. 정 원장은 2016년 초 박근혜 대통령이 당시 창궐했던 메르스(MERS · 중동호흡기증후군) 사태의 후속 대책 마련을 위해 발탁했던 방역 · 의료 책임자. 취임 후 감염병 대응 체계 정비를 위해 심혈을 기울이던 중 박 대통령이 탄핵됐고 문재인정부 출범 후 사직했다. 현 정은경 질병관리청장에게 자리를 물려주고는 대학으로 돌아갔다. 윤석열 선거대책위원회 합류 후 코로나19 위기 대응 관련 위원장을 맡고 있다. 윤석열정부에서 질병관리청 청장을 지내거나 보건복지부 장관에 임명될 수 있다는 전망이 많다. 윤 당선인이 코로나19 주요 공약으로 내세운 △백신 이상 반응 피해 국가책임제 △마스크 착용 시설에서 방역패스 완화 △확진환자 재택치료 원칙 전면 개편 등의 설계를 담당했다.

출 생　1958년 대구
학 력　경북고, 서울대 의과대학, 서울대 의학전문대학원 의학 석 · 박사
경 력　한림대 성심병원 내과 과장, 성심병원 폐센터장, 질병관리본부장, 한림대 의료원장

정호섭

전 해군참모총장

해적 피랍 선원 구조작전 이끈 해상작전 전문가

정호섭 전 해군참모총장은 재직 당시 대표적인 해군 내 해상작전 전문가로 평가받았다. 2함대 제2전투전단장과 2함대 부사령관, 해군작전사령부 계획참모처장, 해군작전사령관 등 작전 분야에서 잔뼈가 굵었다. 박근혜정부 때 감사원의 통영함 감사 결과에 도의적 책임을 지고 사의를 표명했던 황기철 해군참모총장에 이어 총장직에 올랐다. 해군작전사령관 시절이던 2012년에는 소말리아 해적에게 피랍된 제미니호 한국인 선원 구조작전과 북한의 장거리미사일 탐지와 추적, 발사체 인양작전을 지휘했다.

영국 랭커스터대에서 국제정치학 박사를 받았고 국방정보본부 해외정보부장으로도 일한 경험이 있어 국제 감각이 뛰어나다는 평가가 나온다. 한미연합사 인사참모부장을 거친 뒤 해군작전사령관으로 재직할 당시에는 한미 해군 연합작전 역량을 크게 향상했다. 미해군 제7함대와 한국 해군작전사령부 간 이지스 구축함 협조체계는 물론 한미 연합 잠수함 훈련을 강화했다. 예편 후에는 충남대 군사학부 석좌교수와 한국해양소년단연맹 총재로 일했다.

출 생 1958년 서울
학 력 육군사관학교 34기, 영국 랭커스터대 박사
경 력 2함대 부사령관, 한미연합사 인사참모부장, 해군본부 인사참모부장, 해군교육사령관, 해군작전사령관, 해군참모차장

제승완

전 청와대 비서관

숨어 있어도 드러나는 기획전문가

보수 진영 내 손꼽히는 기획통이다. 여론을 분석해내고, 선거 전략을 수립하는 능력은 타의 추종을 불허한다. 서울대 정치학과를 나와서 곧바로 정치권에 몸을 던진 순수파. 1999년 심재철 국회의원 보좌관으로 시작해 이회창 대선후보 보좌역을 지냈다. 이후 권영세 의원실에서 보좌관을 지내다가 이명박 후보가 대권 도전을 선언하자 당시 선거 캠프였던 안국포럼에 합류해 선거 기획을 시작했다. 이명박정부 출범 후에는 정무수석실 행정관으로 청와대에 들어갔고, 이후 민정수석실 행정관으로 줄곧 일했다. MB 정권 말기에는 청와대 총무2비서관을 지냈다. 이명박정부 이후에는 정치권을 떠나 '공생'이라는 기업 컨설팅 사업을 했다. 정치권과 거리 두기로 일관하던 중 정권 교체 필요성을 절감하고 윤석열 당선인 진영에 선거 전략과 관련한 조언을 하기 시작하면서 두각을 보였다.

출 생 1971년 서울
학 력 명덕고, 서울대 정치학과
경 력 국회의원 보좌관, 청와대 민정수석실 행정관, 청와대 총무2비서관

조장옥

서강대 명예교수

성장 전략이 궁금하거든 그에게 물어보라

미국 로체스터대 경제학 박사 출신. 박사 학위 취득 후 캐나다 퀸즈대 · 홍콩과학기술대를 거쳐 서강대 경제연구소장과 경제학부장을 지냈으며 지금은 2017년 9월부터 명예교수로 있다. 서강대에서는 '조거시'라는 별명으로 통했다. 경기 변동과 경제성장, 금융, 노동 등을 연구 분야로 삼아온 원로 거시경제학자다. 약력을 보면 한국경제학회 · 한국금융학회 · 한국계량경제학회 등 3대 경제 관련 학회장을 역임했지만, 관가와 정가에는 이름을 걸어놓은 적이 거의 없다. 유일하게 노동운동가 출신으로 15 · 16대 국회의원을 지낸 권오을 전 국회의원의 후원회장을 맡은 바 있어 친분이 두터운 것으로 알려졌다. 서강대 경제학과 학사와 석사를 마치고, 1994년부터 모교에서 교수직을 맡아와 '서강학파'로 불릴 법도 하지만 손사래를 쳐왔다. 관가와 정가를 멀리했지만 문재인정부 이후 소득주도성장에 대해 비판적 입장을 견지해왔다. 한계 기업 구조 조정, 노동 개혁 등 구조 개혁을 강조해왔다. 윤석열 선거대책위원회에서 청년 정책, 성장 정책 등을 다루는 '기회사다리 재건정책 특별본부장'을 맡았다.

출 생   1952년 전남 무안
학 력   서강대 경제학과 학사 · 석사, 미국 로체스터대 박사
경 력   한국경제학회 회장, 한국금융학회 회장, 한국계량경제학회 회장

조태용
국민의힘 국회의원

문재인 외교 실패 잡는 국회의원

조태용 국민의힘 국회의원은 윤석열 캠프의 외교안보 정책 핵심 브레인으로 통한다. 2020년 5월 21대 국회의원으로 여의도 생활을 시작하면서 정보위원회·외교통일위원회 활동을 통해 문재인정부의 맹점을 누구보다 잘 알고 있기 때문이다. 외교부 장관은 외통위에 불려 나올 때마다 조 의원의 정곡을 찌르는 질문에 허를 내둘러야 했다. 조 의원은 외무고시 선배인 정의용 외교부 장관에게도 정책 실패를 묻는 뼈아픈 질문을 하면서 여러 차례 설전을 벌였다. 조 의원은 외무고시(14회)에 합격해 1980년 외교부에 들어온 뒤 북미1과장과 북미국 심의관 등을 역임했다. 이후 북핵외교기획단장과 북미국장을 거쳐 주아일랜드·호주 대사를 역임했다. 2013년에는 한반도평화교섭본부장을 거쳐 2014년부터 2015년까지 윤병세 외교부 장관 밑에서 1차관을 지냈다. 이후 박근혜정부의 국가안전보장회의 사무처장, 국가안보실 1차장을 거치면서 미국·중국·일본을 아우르는 한반도 주변 4강 외교의 핵심을 담당했다. 온화한 품성으로 선후배 외교관들 사이에서 실력과 인품을 겸비한 인사로 정평이 나 있다.

출 생　1956년 서울
학 력　경기고, 서울대 정치학과
경 력　외무부 북미2과장, 외교통상부 북핵외교기획단 단장, 북미국장, 주아일랜드 대사, 주호주 대사, 한반도평화교섭본부장, 외교부 1차관, 21대 국회의원(비례·미래통합당)

조해진
국회의원
순수함을 지향하는 정치인

대선 초기에 최재형 전 감사원장 경선 캠프에서 기획총괄본부장을 맡았다. 대선 승리 가
능성보다 깨끗한 후보, 도덕적 후보에 매료됐기 때문이다. 최 전 감사원장이 경선에서
낙마하고 윤석열 후보를 지지하면서 함께 윤석열 캠프에 합류했다. 서울대 법대 82학
번으로 나경원, 원희룡 등과 동기지만 국회 입성은 한참 늦었다. 법대 졸업 후 사법고시
대신 1992년 박찬종 의원 보좌관으로 정계에 입문했고, 이회창 전 총재 보좌역 등을 지
내며 경력을 쌓은 후, 이명박 서울시장 비서실 정무보좌관으로 인연을 맺어 2008년 18
대 총선에 처음 당선됐다. 19대 총선에서 당선된 후에는 유승민 전 원내대표와 호흡을
맞추며 '정치적 부부'라는 별명도 얻었다. 이명박 전 대통령 구속 당시 마지막까지 배웅
한 인물 중 한 명이기도 하다. 그만큼 정치적인 유불리보다는 정치적·정책적 올바름을
추구했다는 뜻이기도 하다. 유승민계로 분류되는 바람에 20대 총선에서 낙선했으나 21
대 총선에서 다시 국회로 복귀했다.

출 생 1963년 경남 밀양
학 력 경남 밀양고, 서울대 법학과
경 력 서울시장 비서관, 한나라당 대변인, 새누리당 비상대책위원, 18·19·21대 국회
       의원

조희진

여성본부 공동본부장

대한민국 최초의 여성 검사장

'검찰의 별'로 불리는 검사장 자리에 우리나라 여성으론 최초로 등극한 인물이다. 부장검사가 된 것도 조 본부장이 최초 사례다. 2013년 12월 서울고등검찰청 차장검사가 되면서 검사장으로 승진했다. 2017년에는 검찰총장 후보자추천위원회의 최종 후보 4인에 오르기도 했으며, 서울동부지검 검사장을 맡았다. 2018년엔 사의를 표명하고 변호사로 새 출발을 했다. 과거 윤석열 당선인이 수원지검에서 검사 시보를 할 당시 조 본부장은 검사로 임관한 상태였다. 조 본부장은 2020년 1월 미래통합당의 21대 국회의원 선거 공천관리위원을 맡으며 정치권과 연을 맺었다. 이번 대선 국면에서는 보수 여성계의 구심점 역할을 해달라는 당 차원의 요청을 받아 국민의힘 여성본부에 합류했다. 사회 각 분야의 여성들과 적극적으로 소통하고, 여성 지지층의 결집을 강화하는 역할을 주로 수행했다.

출 생 1962년 서울
학 력 성신여고, 고려대 법학
경 력 서울동부지검 검사장, 미래통합당 21대 총선 공천관리위원, 법무법인 담박 대표변호사, 국민의힘 정책본부 여성본부 공동본부장

주광덕

전 국회의원

'조국 저격수'로 이름 날린 윤 당선인 사시 동기

검사 출신 정치인이다. 윤석열 당선인과 마찬가지로 33회 사법시험에 합격했다. 윤 당선인과는 23기 사법연수원 동기다. 서울동부지검에서 검사로 근무하다 1998년 사직하고 변호사로 활동하기 시작했다. 18대 국회의원 선거에서 한나라당 후보로 경기 구리 지역에 출마해 당선됐다. 19대 총선 때 낙선한 후 박근혜정부 청와대 정무수석실 정무비서관으로 임명됐다. 20대 국회의원 선거 때 경기 남양주병 지역구에 자유한국당 후보로 출마해 당선됐다. 이후 자유한국당 사법개혁추진단장, 개헌특별위원장, 전략기획본부장 등을 역임했다. 조국 전 법무부 장관 국회 인사청문회 당시 각종 의혹을 제기해 이른바 '조국 저격수'로 떠올랐다. 이에 그가 21대 총선에서 조 전 장관과 가까운 김용민 더불어민주당 의원과 붙게 됐을 때 경기 남양주병 지역에 '조국 대전'이 펼쳐졌다는 평가가 나왔다. 낙선한 후 잠행하던 그는 윤 당선인의 정치 입문과 함께 여의도로 복귀했다. 국민의힘 경기도당 공동총괄선거대책위원장으로 활동했다.

출 생 1960년 경기도
학 력 춘천제일고, 고려대 법학과
경 력 서울동부지검 검사, 경기 남양주시 고문변호사, 청와대 정무비서관, 18 · 20대 국회의원, 국민의힘 경기도당 공동총괄선대본부장

주한규

서울대 원자핵공학과 교수

文정부 탈원전에 맞선 '원전 지킴이'

주한규 서울대 원자핵공학과 교수는 문재인정부가 탈원전 정책을 추진하자 4년간 맞서며 '원전 홍보대사'를 자처했다. 본인 차량에 '탈원전 반대' 스티커를 붙이고 다닐 정도로 원전의 유용성과 안전성을 널리 알리고 있다. 40년간 원자력 학계에 기여해온 주 교수는 대학 시절 'SNUT-79'라는 핵융합 발생 장치를 만들기도 했다. 2021년 7월 윤석열 국민의힘 후보가 대선 출마를 선언하고 가장 먼저 만난 전문가이기도 하다. 당시 윤 후보는 탈원전 정책에 대해 "검찰총장직을 그만두게 된 것과 직접적 관련이 있다"고 밝힌 바 있다. 이 같은 인연을 바탕으로 주 교수는 윤석열 캠프 원자력·에너지 정책분과장을 맡았다.

출 생 1962년 경기 여주
학 력 서울대 원자핵공학과
경 력 서울대 원자핵공학과 학과장, 한국원자력연구소 원자로공학연구부 책임연구원

최진석
국민의당 상임선거대책위원장 · 서강대 명예교수
586에 일침 놓은 철학자

국내 도가 철학의 대가로, 대선을 50일 남겨뒀던 지난 1월 안철수 당시 국민의당 후보의 두 차례 구애 끝에 선거대책위원장으로 합류했다. 2017년 서강대 교수직에서 정년을 7년이나 남겨두고 사임한 뒤 명예교수로 있다. 현재는 21세기 융복합 인재 양성을 강조하며 사단법인 새말새몸짓 이사장을 맡고 있다. 유년 시절을 보냈던 전남 함평의 대동면 향교리에 '호접몽가'라는 학당을 세우고 교육 프로그램 '기본학교'를 운영 중이다. 철학가 최 교수 영입과 현실 정치 참여는 양강 후보들의 비호감도가 유독 높았던 대선 국면에서 중도 실용과 사상적 기반을 토대로 한 차별화 전략으로 해석됐다.

586세대에 대한 비판적 목소리도 내왔다. 특히 2020년 더불어민주당이 주도한 5·18 역사왜곡처벌법, 민주유공자예우법 제정 등에 대해 '표현의 자유를 억압한다'는 작심 비판을 했다. 광주에서 중·고등학교를 졸업하고 1980년 당시 21세의 나이로 광주에서 5·18 민주화운동을 직접 겪은 당사자이기도 한 그는 자신의 페이스북에 '나는 5·18을 왜곡한다'는 자작 시를 올리면서 "5·18에 대한 평가는 자유로운 토론과 논의 속에 남겨두는 게 성숙한 민주주의"라고 주장했다.

출 생 1959년 전남 신안
학 력 광주 대동고, 서강대 철학과 학사, 서강대 대학원 동양철학 석사, 중국 베이징대 대학원 도가철학 박사
경 력 서강대 철학과 교수 · 명예교수, 건명원 초대 원장, 사단법인 새말새몸짓 이사장

최홍재

전 제주도청 정무특보

윤 당선인의 정책통이 신임한 정책통

윤석열 당선인의 정책통이었던 원희룡 전 제주도지사와의 인연으로 캠프 정책메시지실 장에 합류했다. 제주도 서울본부 정책자문위원, 코리아비전포럼 정책실장, 제주도청 정 무특보 등을 지내며 원 전 지사와 연을 이어왔다. 학생 시절 고려대 총학생회장, 전국대 학생대표자협의회 조국통일위원장 등을 지낸 '운동권' 출신이지만 1990년대 후반 뉴라 이트 운동으로 전향했다. 이후 이명박 정권에서 MBC 최대주주인 방송문화진흥회 이사 를 지냈다. 박근혜 대통령 당시 청와대 선임행정관, 대통령 직속 국민대통합위원회 기획 단장 등을 맡았다. 19·20대 총선에서 국민의힘 전신인 새누리당 소속으로 서울 은평 을에 출마했지만 2위로 낙선했다.

출 생 1968년 전남 나주
학 력 군산 중앙고, 고려대 신문방송학 학사
경 력 방송문화진흥회 이사, 은평희망포럼 대표, 청와대 정무수석실 선임행정관, 제주도
　　　정무특보

최흥진
서울시립대 교수
환경부 출신의 정책통

환경부에서 수십 년간 근무하며 환경 관련 정책을 다뤄왔다. 기상청 차장도 역임한 바 있다. 기후 위기가 코앞으로 닥쳐온 시기에 환경에 전문성을 가진 인물로 영입됐다. 2001년부터 환경부에서 환경기술과 과장이 됐다. 그 후 환경부 환경정책실 정책총괄과 과장 등 정책통으로 불릴 만한 굵직한 이력을 쌓았다. 2009년 이명박정부 시절 대통령 직속 녹색성장위원회 녹색성장기획단 기후변화대응팀 팀장을 맡기도 했다. 당시에도 온실가스 감축을 위한 정책을 연구해왔다. 또 이명박 전 대통령의 녹색성장 정책에도 관여한 바 있다. 현재 윤석열 캠프에서는 기후환경정책분과위원장으로 활동하면서 환경 공약 설계에 힘쓰고 있다. '공기는 맑게, 쓰레기는 적게, 농촌은 잘살게'라는 캐치프레이즈에 맞추어 발표된 환경 공약에도 그가 참여했다. 또 4대강 재자연화 폐기 관련 정책에도 관여했다. 한 언론과의 인터뷰에서 그는 "이명박정부 때는 기후 대응을 한다고 수량에 방점을 뒀고, 문재인정부에서는 녹조 문제가 있어서 수질에 방점을 뒀다. 이 두 가지를 조화하겠다는 게 저희들의 생각"이라고 말했다.

출 생 1962년 서울
학 력 보문고, 연세대 화학공학, 연세대 화학과 석사, 델라웨어주립대 박사
경 력 환경부 자원순환국 국장, 녹색성장위원회 녹색성장기획단 기후변화대응팀 팀장, 26대 영산강유역환경청 청장, 기상청 차장

태영호
국민의힘 국회의원
고위 탈북민에서 대북 정책 책사로

태영호 국민의힘 의원은 윤석열 캠프 내에 글로벌비전위원회가 구성되면서 활동을 시작했다. 글로벌비전위원회는 한미 · 한중 관계, 북한 비핵화 등 외교안보 현안뿐 아니라 기후변화, 경제안보 등 글로벌 주요 이슈와 관련해 차기 정부의 정책 방향을 제시하는 역할을 맡아왔는데, 태 의원은 특히 북한 비핵화와 인권 문제 등에 발 벗고 나섰다. 태 의원은 전 영국 주재 북한대사관 공사 출신의 고위 탈북민이다. 2020년 '북한 주민을 구한다'는 뜻의 이름 '태구민'으로 총선에 출마한 태 의원은 서울 강남갑에서 당선된 뒤 "대한민국은 제 조국이고 강남이 제 고향"이라고 소감을 전하기도 했다. 태 의원은 의정 활동을 하면서 문재인정부 대북 정책의 허점을 가장 잘 찔렀다. 문재인정부의 종전선언 추진이 한반도에 진정한 평화를 이루기 위함이 아니라 정권의 정치적 선언에 불과하다고 지적하는 한편, 인권 변호사 출신 문재인 대통령의 안일한 북한 인권 대처에 경종을 울리기도 했다. 태 의원의 이러한 안보관이 보수층을 자극한 데다 태 의원이 북한의 실상을 누구보다 적나라하게 알려주면서 윤석열 당선인도 귀를 기울였던 것으로 알려졌다.

출 생 1962년 평양
학 력 베이징외국어대 영어문학 학사
경 력 주덴마크 북한대사관 서기관, 주스웨덴 북한대사관 서기관, 주영국 북한대사관 공사, 국가안보전략연구원 자문연구위원, 21대 국회의원(서울 강남갑 · 미래통합당)

한두봉

고려대 교수

윤석열정부의 농업 정책 설계자

한두봉 고려대 식품자원경제학과 교수는 윤석열 당선인의 농업 공약을 설계한 장본인이다. 농업경제학 박사 취득 이후 1990년부터 한국농촌경제연구원에서 부연구위원, 동향분석실장을 지냈다. 1994년부턴 고려대 식품자원경제학과 교수로 임용돼 현재까지 약 30년간 재직 중이다. 농업 정책과 국제식품 정책 분야 전문가로 2001년부터 2005년까지 외교통상부 농수산물부문 통상교섭 민간자문그룹 전문위원, 2006년부터 2007년까지 외교통상부 한미 자유무역협정(FTA) 전문가위원회 자문위원을 지냈다. 이후 한국농업정책학회장, 한국농업경제학회장을 역임했다.

평생 연구와 교육에 매진하다 이번 대선에서 처음 정치권에 참여한 한 교수는 국가 경영에서 농업 정책이 소외되고 식량 안보 기능이 약화된 현실을 개선하기 위해 윤석열 캠프에 합류하게 됐다고 밝혔다. '중소가정농'과 '고령농'에 대한 촘촘한 지원을 강조하면서 농업직불금 확대, 농어촌 사회안전망 강화 등에 방점을 찍었다.

출 생   1958년 수원
학 력   경동고, 고려대 농업경제학 학사, 미국 텍사스A&M대 농업경제학 박사
경 력   한국농업정책학회장, 한국농업경제학회장, 외교통상부 농수산물부문 통상교섭 민간
          자문그룹 전문위원

함경우

공보부단장

당과의 소통 창구 담당한 '개국공신'

국민의힘 전국 당협위원장 중 윤석열 당선인의 국민캠프에 가장 먼저 합류한 인물이다. 21대 국회의원 선거에서는 경기 고양을 지역구에서 미래통합당 후보로 출마했으나 낙선했고, 2021년엔 국민의힘 경기 광주갑 당협위원장에 선출됐다. 김종인 전 비상대책위원장을 돕는 조직부총장으로 일하며 공천 실무를 맡은 경험이 있던 함 부단장은 조직 정비와 관련한 능력을 당내에서 인정받고 있다. 경선 당시에는 윤 당선인의 상근정무보좌역을 맡아 윤 당선인을 인근에서 보좌했다. 한나라당 사무처 출신으로 당내 사정을 샅샅이 알고 있기 때문에 경선 당시엔 당과의 소통 창구 역할을 담당했다. 특히 경기도당 수석부위원장인 그는 경기도 내 조직을 점검하며 윤 당선인이 경선 당원투표에서 압도적인 승리를 하는 데 일조했다. 호남 출신이지만 수도권 지역구에서 당협위원장을 하고 있는 그가 합류하면서 당내 조직에 윤 당선인이 접근할 발판을 마련했다는 평가가 지배적이다. 전당대회에서 공식 후보로 선출된 이후엔 공보단의 부단장직을 맡아 언론 대응 등 역할을 담당했다.

출 생　1974년 전북 익산
학 력　전북 원광고, 원광대 철학과, 연세대 경제학 석사, 고려대 북한학 박사
경 력　한나라당 중앙사무처 공채 6기, 자유한국당 공보실장, 국민의힘 비상대책위원회
　　　　　조직부총장, 국민의힘 경기 광주갑 당협위원장, 선거대책본부 공보부단장

황상무
전 KBS 앵커
공영방송 뉴스데스크에서 청와대로

KBS 뉴스 9 메인 앵커와 미국 뉴욕 특파원 등을 거친 언론인이다. 서울대 신문학과를 졸업하고 1991년 KBS 18기 기자로 입사해 사회부, 정치부, 통일부 등을 거쳤다. 2015년부터 2018년까지 KBS 뉴스 9 메인 앵커로 활약했다. 2020년 11월 KBS를 퇴사하며 "이념으로 사실을 가리거나 왜곡하려 드는 순간 KBS는 설 자리가 없다"며 "KBS가 극단의 적대 정치에 편승해서는 안 된다"는 내용의 고별사를 남기기도 했다. 황 전 앵커는 퇴사 후 정보통신기술(ICT) 전문기업 전문경영인(CEO)로 제2의 커리어를 쌓아오다 2021년 12월 국민의힘 선거대책위원회에 공보특보로 합류했다. 이후 대선후보 TV토론 협상단으로 활약해 TV토론 룰 협상 등을 진행했다. 이 과정에서 "(토론을 주최하는) 기자협회와 JTBC가 좌편향돼 있다"는 발언을 해 논란을 사기도 했다. 30년간의 방송언론인 활동과 ICT 전문기업 CEO의 경험을 살려 윤석열 당선인의 메시지에 도움을 줄 전망이다.

출 생 1963년 강원도 평창
학 력 강원 춘천고, 서울대 신문학과
경 력 KBS 보도국 기자, KBS 뉴스 9 메인 앵커, 국민의힘 선거대책본부 언론전략기획
단장

황준국

전 주영국대사

보수정권 베테랑 북핵협상 전문가

2021년 7월 윤석열 예비후보 캠프가 차려지고 황준국 전 주영국대사가 후원회장으로 위촉되자 뜻밖의 인사라는 평이 많았다. 사회의 원로나 유명 연예인들이 주로 맡아왔던 후원회장에 외교안보 전문가인 황 전 대사가 갔기 때문이다. 하지만 당시 윤 예비후보는 황 전 대사가 공직자로서 보여준 국가관과 활동에 뜻을 같이해 후원회장 영입을 제안했고, 황 전 대사가 이를 흔쾌히 수락했다고 밝혔다. 실제 황 전 대사는 캠프에서 윤 후보에게 외교안보 관련 정책 조언도 같이 했던 것으로 알려졌다. 황 전 대사는 서울대 경제학과를 졸업하고 1982년 외무고시를 통해 공직에 입문해 주미 정무공사, 한미 방위비분담협상 대사 등을 지냈다. 이명박정부 당시 외교통상부 북핵외교기획단장, 박근혜정부 당시 한반도평화교섭본부장 겸 6자회담 한국 수석대표를 맡은 북핵 전문가다. 황 전 대사는 2014년 4월부터 한반도평화교섭본부장으로 북핵협상을 맡기 시작했는데, 그에게 북핵협상 바통을 넘겨준 이가 외교부 1차관 출신의 조태용 국민의힘 의원이다.

출 생   1960년 서울
학 력   경동고, 서울대 경제학과, 미 프린스턴대 정책학 석사
경 력   외교부 유엔과장, 북핵외교기획단장, 주미 정무공사, 한미 방위비분담협상 대사,
         한반도평화교섭본부장 및 6자회담 수석대표, 주영국대사

검찰 · 서울대 법대

강남일
변호사
조국 수사 당시 대검 차장으로 尹총장 보좌

1994년 사법연수원 23기를 수료하고 검사 생활을 시작했다.

문재인정부에서 검사장으로 승진해 서울고검 차장검사, 법무부 기획조정실장을 지냈다.

2019년 7월 연수원 동기인 윤석열이 신임 검찰총장에 임명되자 고검장으로 승진해 검찰 '넘버2'인 대검찰청 차장검사로 영전했다. 조국 전 법무부 장관 의혹 수사 당시 차장으로서 윤 총장을 보좌했다.

추미애 법무부 장관이 취임 이후 이른바 '윤석열 라인' 해체에 나서면서 2020년 인사에서 고검장급 중 가장 초임이 주로 맡는 대전고검장으로 전보됐다. 이후 윤 총장 징계 국면에서 추 장관이 윤 총장에 대해 직무배제 조치를 내리자 주요 고검장들과 함께 반대하는 공동 성명서를 내기도 했다.

정권에 반기를 든 것으로 지목돼 2021년 6월 인사에서 법무연수원 연구위원으로 좌천됐다. 사실상 '강등' 인사라는 평가가 나왔다. 그는 한 달여 만에 사직하고 변호사 개업을 했다. 21대 대선 과정에서 윤석열 캠프에 공식 합류하지는 않았지만 지근거리에서 후보의 법률 자문 역할을 담당했다.

출 생 1969년 경남 사천
학 력 대아고, 서울대 법학과
경 력 사법연수원 23기, 서울중앙지검 금융조세조사1부장, 서울고검 차장검사, 법무부 기획조정실장, 대검 차장검사, 대전고검장

남기춘
변호사

검객(檢客)으로 이름 날린 尹의 '40년 지기'

사법연수원 15기를 수료한 뒤 검사로 일하기 시작해 검사 초임 시절 김태촌, 조양은 등 거물급 조폭을 구속해 이름을 날렸다.

2003년 대검찰청 중수1과장으로 재직할 때는 당시 안대희 대검 중수부장의 지휘를 받아 한나라당 대선자금을 수사했다. 당시 삼성 구조조정본부 압수수색과 이학수 부회장 구속을 주장했지만 검찰 수뇌부가 받아들이지 않았다. 2010년 서울서부지검장 시절 한화·태광그룹 비자금 수사 도중 검찰 수뇌부에 불만을 품고 사표를 냈다. 당시 '살아 있는 권력보다 살아 있는 재벌이 더 무섭다'는 퇴임의 변이 화제가 되기도 했다.

검복을 벗은 뒤에는 김앤장 변호사로 활동했다. 2012년 대선 때 박근혜 후보 캠프에서 클린정치위원장을 맡았다.

2013년 당시 윤석열 수원지검 여주지청장이 국가정보원 댓글사건 수사 무마 외압을 폭로해 검찰징계위원회에 회부되자 그를 변호했다. 두 사람은 서울대 법학과 79학번 동기로 40년 지기다. 서석호 김앤장 변호사, 문형배 태평양 변호사 등과 함께 서울대 79학번 '독수리 5인방'으로 불렸다.

출 생   1960년 서울
학 력   홍대부고, 서울대 법학과
경 력   사법연수원 15기, 대검 중수1과장, 울산지검장, 서울서부지검장, 김앤장 변호사,
         법률사무소 담박 변호사

박찬호

검사

윤 당선인 특수부 후배…'청와대 울산시장 선거개입 의혹' 수사 지휘

박찬호 광주지방검찰청 검사장은 지금은 폐지된 서울중앙지검 특수부에서 근무한 '특수통' 검사로 윤석열 당선인의 특수부 후배다. 국가정보원 적폐수사와 국군기무사령부 세월호 유가족 불법사찰 의혹, 삼성그룹 노조 와해 의혹, 박근혜정부 정보경찰 의혹 등을 수사했다.

전남 광양 출신인 박 검사장은 순천고와 전남대 철학과를 졸업한 뒤 36회 사법고시에 합격했다. 서울중앙지검 특수3부장, 서울남부지검 금융조사1부장, 서울중앙지검 2차장검사, 대검찰청 공안부장(검사장급) 등 주요 보직을 역임했다.

2017년 8월에는 차장검사로 승진해 중앙지검 2차장검사를 맡다가 윤석열 당시 중앙지검장이 검찰총장으로 승진함과 동시에 검사장으로 승진해 대검 공안부장과 공공수사부장을 맡았다. 대검 공공수사부장을 지낼 당시 청와대 울산시장 선거개입 의혹 사건을 지휘하기도 했다.

그러나 추미애 법무부 장관이 취임하고 윤석열 사단의 해체를 시도하면서 제주지방검찰청 검사장으로 전보됐고, 2021년 6월 광주지방검찰청 검사장으로 전보됐다.

출 생 1966년 전남 광양
학 력 순천고, 전남대 철학과
경 력 광주지검 순천지청 검사, 서울중앙지검 검사, 대검찰청 검찰연구관, 서울고검 검사, 서울중앙지방검찰청 특수3부장검사, 서울중앙지방검찰청 2차장검사, 대검찰청 공안부장, 제주지검 검사장, 광주지방검찰청 검사장

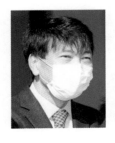

손경식

변호사

윤석열보다 더 '윤석열 사건 전문가'

이완규 변호사와 함께 윤석열 당선인과 관련한 모든 사건의 대리인을 맡고 있다. 윤 당선인과 1995년 대구지검 검사로 함께 근무했다.

'윤석열 대리인' 시작은 헌정사상 첫 윤석열 검찰총장 징계 때부터다. 2020년 12월 법무부 검사징계위원회는 윤 당선인에 대해 정직 2개월 처분을 결정했다. 징계위 참석부터 징계 결과에 대한 취소 소송까지 원트랙으로 대리인을 맡고 있다. 기자들의 쏟아지는 전화에 차분하게 대응하고 윤 당선인 입장문도 신속하게 낸다.

고위공직자범죄수사처(공수처)가 수사하는 윤 당선인 관련 4건 모두 변호하고 있다. 2022년 2월 공수처가 그중 '한명숙 전 총리 모해위증 교사 수사방해' 의혹과 관련해 윤 당선인을 '증거불충분'으로 불기소처분했다. 공수처는 대선을 앞두고 1년 가까이 윤 당선인을 수사했지만 어느 것 하나 혐의를 입증하지 못했고 제대로 된 소환 조사마저 한 번 하지 못했다.

무혐의를 이끌어내는 '윤석열 대리인'의 성적이 좋은 셈이다. 요양병원을 불법 운영해 수십억 원대의 요양 급여를 부정 수급한 혐의로 1심에서 징역 3년을 선고받았던 윤 당선인의 장모 최 모씨가 2022년 1월 2심에서 무죄를 선고받기도 했다.

출 생	1962년 충북 충주
학 력	서울 용문고, 한양대
경 력	대구지검 검사, 창원지검 진주지청 검사, 법무법인 정행 변호사, 법무법인 인성 변호사

송경호

검사

'적폐수사' 송경호, 이성윤 앞에서 '윤석열 취임사' 읽었다

'특수부 에이스'로 불린 그는 강남 8학군에 이어 서울대 법학과를 졸업했다. 검사들이 선망하는 법무부 · 대검찰청 · 서울중앙지검에서 특수부 코스를 밟는다. 윤 당선인과의 인연은 2008년 '이명박 BBK 수사'부터 시작했다. 한 수사팀에서 만난 둘은 대통령 당선인 신분이었던 이명박 전 대통령에게 '면죄부'를 줬고 수사는 실패했다.

2017년 8월 문재인정부 출범 후 처음 시행된 검찰 인사에서 서울중앙지검 특수2부장으로 발령났다. 윤석열 당시 서울중앙지검장 지휘하에 'MB 다스 실소유 의혹' 수사를 맡았다. 결국 이명박을 구속기소하는 성과를 올렸다. 수사는 당시 '윤석열 서울중앙지검장–한동훈 3차장검사–송경호 특수2부장' 라인에 따라 움직였는데 이들은 2019년 7월 윤 당선인이 검찰총장이 되며 한 단계씩 진급했다. 한동훈은 대검 반부패부장으로 올라갔고, 송경호는 '특수부의 꽃' 3차장검사 자리를 채웠다. 셋은 조국 일가 수사를 하며 청와대에 '찍'힌다. 2020년 1월 이성윤 서울중앙지검장 면전에서 반기를 들었다. 직접수사 부서를 없애는 직제개편안을 받아들일 수 없다는 것. 서울중앙지검 간부회의에서 "국민으로부터 부여받은 권한이므로 오로지 헌법과 법에 따라 국민을 위해서만 쓰여야 한다"는 윤석열 검찰총장의 취임사를 읽었다. 이후 수원지검 여주지청장, 수원고검으로 좌천됐다.

출 생 1970년 충북 보은
학 력 서울 중동고, 서울대 법과대학
경 력 수원지검 특수부 부장, 서울중앙지검 특수2부 부장, 서울중앙지검 3차장검사, 수원지검 여주지청 지청장, 수원고검 검사

신자용

검사

'최순실 게이트' '사법행정권 남용' 수사한 윤석열 사단

2016~2017년 '최순실 국정농단'을 수사하는 박영수특별검사팀에 파견돼 정유라 씨의 이화여대 입학·학사 특혜 비리 의혹을 수사했다. 2018년 서울중앙지검 특수1부장으로서 박근혜 전 대통령 '세월호 7시간' 행적 등을 밝혀내며 김기춘 전 청와대 비서실장과 김장수 전 국가안보실장을 허위공문서작성죄 등으로 불구속 기소했다. 양승태 전 대법원장 등이 연루된 '사법행정권 남용 의혹'도 수사했다. 서울중앙지검에 '윤석열 지검장－한동훈 3차장검사－신자용 특수1부장' 지휘체계가 구성돼 관심을 모았다. 2020년 서울중앙지검 1차장검사로서 청와대가 연루된 '우리들병원 불법대출' 의혹을 수사하던 중 부산지검 동부지청장으로 발령됐다. 당시 서울중앙지검 1~4차장 모두 지방으로 발령돼 '윤석열 체제 해체'라는 평가가 나왔다. 이성윤의 서울중앙지검은 2021년 12월 우리들병원 사건을 불기소처분한다. 2021년 7월 서울고검 송무부장으로 발령돼 '특수통 도려내기' 인사를 당한 것으로 평가된다.

출 생 1972년 전남 장흥
학 력 전남 순천고, 한양대 법학과
경 력 대검찰청 정책기획과장, 서울중앙지검 특수1부장, 법무부 검찰과장, 서울중앙지검 1차장, 부산지검 동부지청장

안대희

변호사

원칙 수사로 국민적 신뢰 얻은 숨은 尹 조력자

사법연수원 7기를 수료하고 검사 생활을 시작했다.

약관 20세에 사법시험에 합격하고 25세에 최연소 검사로 임관해 '특수수사의 전범'으로 불릴 만큼 이름을 날렸다. 2003년 나라종금 사건을 시작으로 노무현 전 대통령의 측근들을 구속했고 한나라당과 민주당의 불법 대선자금을 파헤치며 현역 의원들을 줄줄이 구속시켰다.

여야를 가리지 않는 원칙 수사로 '국민검사'라는 명성을 얻었고 2004년 제9회 국제검사협회 총회에서 대선자금 수사팀을 대표해 특별공로상을 받았다.

대검찰청 중수부장으로서 불법 대선자금 사건을 수사하던 당시 윤석열 중수부 검사를 지휘했고 지금도 외곽에서 윤석열 당선인을 지원하고 있는 것으로 알려졌다.

서울고검장을 끝으로 검찰을 떠나 대법관에 임명됐고 2014년 박근혜 전 대통령에 의해 총리 후보로 지명됐지만 전관예우 의혹이 불거지며 자진사퇴했다.

고위공직자 재산 내역 발표에서 법무부와 검찰 고위직 가운데 꼴찌를 하는 등 청빈한 생활을 한 것으로 알려졌다.

출 생 1955년 경남 함안
학 력 경기고, 서울대 법학과
경 력 사법연수원 7기, 서울지검 특수1 · 2 · 3부장검사, 대검 중수부3과장, 대검 중수부장, 부산고검 검사장, 서울고검 검사장, 대법관

양석조

검사

"당신이 검사냐, 왜 조국 무혐의냐"

검찰 내 윤석열 당선인에 버금가는 강골로 알려져 있다. 2016년 박근혜·최순실 국정 농단 사건을 수사하는 특검에 파견돼 윤 당선인과 손발을 맞췄다. '박영수 특검' 수사팀 장이 윤 당선인이었다.

2017년 5월 윤석열 당시 서울중앙지검 검사장 임명 후 서울중앙지검 특수3부장이라는 핵심 보직을 맡았다. 2019년 7월 윤 당선인의 검찰총장 임명 후 대검찰청 반부패강력 부 선임 검찰연구관에 배치됐다.

조국 기소를 놓고 벌어진 '상갓집 항명' 사태의 주인공에 이름을 올렸다. 2020년 1월 서울 강남의 한 장례식장에서 직속 상관인 심재철 대검 반부패강력부장에게 "조국이 왜 무혐의냐" "당신이 검사냐"고 항의하며 소란을 피웠다는 언론 보도가 나왔다. 심재철이 '유재수 감찰무마 사건' 피의자인 조국에 대해 무혐의 처리 주장을 하자 이를 문제 삼아 충돌한 것이다. 이후 대전고검 검사로 좌천됐다.

출 생 1973년 제주
학 력 제주 오현고, 한양대
경 력 대구지검 서부지청 부장, 대검 디지털수사과 과장, 대검 사이버수사과 과장, 서울 중앙지검 특수3부 부장, 대전고검 검사, 대전고검 인권보호관 및 차장검사 직무대리

여환섭

대전고검장

'김학의 성접대' 수사 마무리한 특수통

평검사 시절부터 대검찰청 중앙수사부와 지검을 오가며 특수수사에 두각을 나타낸 검찰 내 대표적인 '특수통'이다. 대검 중수2과장, 중수1과장을 지낸 뒤 서울중앙지검 특수1 부장을 역임했다.

특히 기업 수사 전문가로 꼽히는 여 검사장은 현대자동차그룹 비자금, 함바 비리, 파이 시티 인허가 비리, 대우그룹 분식회계, 동양그룹 CP사기 등 굵직한 기업 사건을 담당했다. 당시 사건들을 처리하면서 윤석열 당선인, '소윤(小尹)' 윤대진 현 법무연수원 기획 부장과 호흡을 맞췄다.

2013년에는 원세훈 전 국가정보원장을 1억원대 금품 수수 혐의로 구속하기도 했다. 후배 검사들로부터 '독사'라는 별명으로 통한다.

2019년 김학의 전 법무부 차관의 성접대 · 뇌물수수 의혹 사건을 재수사하기 위한 수사단 단장을 맡았다. 당시 윤석열 검찰총장의 윤중천 별장 접대 의혹이 불거졌을 때 국회 법제사법위원회 국정감사에 나와 '윤중천이 윤석열에 대해 진술한 바 없다'는 취지로 발언했다. 검찰 내부에서 누구도 맡기 싫어 했던 김 전 차관 사건을 맡아 매듭지었다.

출 생 1968년 경북 김천
학 력 김천고, 연세대 법학과
경 력 사법연수원 24기, 대검 중수2 · 1과장, 서울중앙지검 특수1부장, 대검 대변인,
       청주지검장, 대전고검장

윤기원

변호사

충암고 3윤(尹), 서울 법대 절친

사법연수원 16기를 수료하고 변호사 생활을 시작했다.

국가보안법 폐지와 인권 문제에 목소리를 내는 등 재야에서 인권 운동을 했다. 민주사회를 위한 변호사모임(민변) 부회장을 지냈고, 노무현정부 시절 국회 추천으로 국가인권위원으로 활동했다.

작고한 윤홍근 변호사를 포함해 윤석열 당선인과 충암고 '3尹'으로 불릴 정도로 가까웠다. 세 사람의 생일은 모두 12월(윤기원 6일, 윤홍근 12일, 윤석열 18일)이다. 이들은 충암고 졸업 후 함께 서울대 법대로 진학했다. 윤홍근 변호사는 서울고법 판사, 사법연수원 교수를 거쳐 법무법인 율촌에서 일하다 자동차 사고로 세상을 떠났다.

2001년 '영리와 공익의 동시 추구'를 목표로 서울대 법대 출신 변호사 5명을 모아 법무법인 자하연을 만들었다. 2009년 법무법인 원을 만들어 현재 강금실 전 노무현정부 법무부 장관과 함께 공동대표를 맡고 있다. 법무법인 원은 체계적인 시스템을 마련해 무료 법률 지원, 공익소송 등 공익활동을 한 공로를 인정받아 2017년 변호사 공익대상을 받았다.

출 생 1960년 경기 안성

학 력 충암고, 서울대 법학과

경 력 사법연수원 16기, 법무법인 자하연 대표변호사, 민주사회를 위한 변호사모임 부
회장, 법무법인 원 대표변호사

윤대진

검사

'대윤' 윤석열과 특수수사 호흡…'소윤' 윤대진

윤대진 법무연수원 기획부장(검사장)은 윤석열 당선인과 각종 특수수사에서 호흡을 맞췄다. 윤 당선인과 막역한 사이인 데다 둘 사이 특수통이라는 공통분모가 있어 검찰 내에서 '소윤'(대윤은 윤석열)으로 통했다.

현대차 비자금 수사 당시 정몽구 현대차그룹 회장에 대한 구속영장 청구를 관철하기 위해 윤 당선인과 함께 동반 사직서를 제출한 일화가 유명하다.

윤 검사장은 윤 당선인과 함께 박근혜정부 시절 한직으로 밀려나기도 했다. 윤 당선인은 국정원 댓글 수사에 대한 외압을 폭로한 직후 지방 수사에 직접 관여하지 않는 고검 검사로 발령받았고, 윤 검사장은 세월호 수사와 관련해 우병우 전 청와대 민정수석과 마찰을 빚어 지방 검찰청을 떠돌았다. 그러나 문재인정부 들어 이들은 나란히 검찰 요직에 중용됐다. 2017년 윤 당선인이 서울중앙지검장에 파격 임명되자 그는 서울중앙지검 최선임 차장인 1차장에 윤 검사장을 불러들였다.

윤 당선인과 윤 검사장은 윤 검사장 친형인 윤우진 전 용산세무서장에게 변호사를 소개해주고 경찰 수사 과정에 영향력을 행사하는 등 수사 무마에 개입했다는 의혹을 받았지만 검찰에서 공소권 없음을 이유로 무혐의 처분을 받았다.

출 생 1964년 충남 청양
학 력 서울 재현고, 서울대 공법학과
경 력 대검찰청 중앙수사부 검찰연구관, 서울서부지방검찰청 검사, 대검찰청 중수2과장, 서울중앙지검 1차장검사, 법무부 검찰국장, 법무연수원 기획부장

이두봉

검사

'월성1호기 경제성 조작' 의혹 수사 총괄한 특수통 검사

대표적인 특수통 검사로 꼽히며 2020년 1월부터 2021년 6월까지 대전지검장으로서 '월성1호기 경제성 조작 의혹' 수사를 총지휘했다. 백운규 전 산업통상자원부 장관, 채희봉 전 청와대 산업정책비서관 등을 기소한 것은 후임인 노정환 대전지검장 때지만 관련 수사는 대부분 이두봉 휘하에서 진행됐다. 윤석열 서울중앙지검장 시절에는 중앙지검 1차장으로, 검찰총장 시절에는 대검찰청 과학수사부장을 지냈다. 추미애 전 법무부 장관 때 대전지검장으로 발령됐는데 해당 인사에 대해 좌천성이라는 평가가 붙는다. 2021년 4월 '국민 천거' 방식으로 선정된 법무부의 검찰총장 후보 명단 10명 중 한 명으로 이름을 올렸으나 검찰총장후보추천위원회 단계에서 떨어졌다. 더불어민주당은 그가 2014년 서울중앙지검 형사2부장검사로서 '유우성 보복기소'에 대한 책임이 있다고 주장한다. 대법원은 2021년 10월 '간첩조작 사건' 피해자 유우성 씨에 대해 과거 처분을 뒤집고 재판에 넘긴 것은 '검찰의 권한 남용'이라는 취지로 판단했다.

출 생	1964년 강원 양양
학 력	강원 강릉고, 서울대 공법학과
경 력	서울중앙지검 1차장검사, 대검찰청 과학수사부장, 대전지검장, 인천지검장

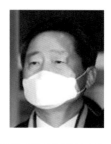

이석웅
변호사

'징계취소 소송' 법률대리인을 맡은 판사 출신 변호사

1985년 서울지법 의정부지원에서 판사 생활을 시작해 2007년 의정부지법 고양지원장을 끝으로 법복을 벗고 변호사 개업을 했다. 법관 시절 서울민사지법, 서울고법, 서울서부지법, 서울중앙지법 등에서 재판정에 섰고 대법원 재판연구관과 사법연수원 교수(민사재판실무, 민사집행법, 보전소송, 금융거래법연구)로도 근무했다. 변호사 개업 후 법무법인 수목을 거쳐 현재 법무법인 서우 대표변호사를 맡고 있다. 그의 부친인 고 이원형 전 의원(11대 신정당 · 14대 민주당)은 김대중정부에서도 국민고충처리위원회 위원장을 지낸 민주당 계열 정치인이지만, 본인은 현직 판사 시절 정치적 성향을 드러내지 않은 것으로 알려졌다. 윤 당선인의 서울 충암고, 서울대 법대 선배로 평소 연락을 주고받는 사이로 알려졌다. 윤 당선인의 법률대리인으로서 추미애 전 법무부 장관 때 '판사 불법 사찰' '채널A 사건 수사 방해' 등 명목으로 내려진 정직 2개월 처분 취소 소송을 맡고 있다.

출　생　1959년 광주광역시
학　력　서울 충암고, 서울대 법학과
경　력　사법연수원 교수, 서울중앙지법 부장판사, 의정부지법 고양지원장

이완규

변호사

'최고 법 이론가'…검찰총장 직무정지 소송 변호

검찰 출신인 이완규 변호사는 윤석열 당선인의 사법연수원 23기 동기이자 서울대 법대 선배(79학번)다. 1994년 서울지검에서 검사 생활을 시작한 그는 검찰 재직 시절 검찰 청법과 형사소송법에 정통해 '최고의 이론가'로 꼽혔다.

대검찰청 검찰연구관이던 2003년에는 노무현 대통령이 주재한 '검사와의 대화'에 나가 참여정부의 검찰 인사를 비판해 이목을 끌었다. 2011년 이명박정부의 검경 수사권 조 정안이 발표됐을 때는 검찰 수뇌부를 겨냥해 "직을 걸고 수사권 조정에 반대해야 한다" 며 사표를 제출했다가 반려되기도 했다.

윤석열 당시 대전고검 검사가 2017년 서울중앙지검 검사장으로 기수를 파괴하고 전격 발탁되는 파격 인사가 단행되자 검찰 내부망 이프로스에 글을 올려 "이번 인사에서 제청 은 누가 했는지, 장관이 공석이니 대행인 차관이 했는지, 언제 했는지에 대해 의문이 든 다"며 문제를 제기하기도 했다. 윤 당선인의 검찰총장 직무정지 취소 소송 대리인을 맡 았다.

출 생　1961년 인천
학 력　송도고, 서울대 법학과
경 력　대검찰청 형사1과장, 법무연수원 교수, 청주지검 차장검사, 서울북부지검 차장검
　　　　사, 인천지검 부천지청장 등

이원석

제주지검장

박근혜 전 대통령 직접 수사한 특수통 '尹사단' 핵심

사법연수원 27기 출신으로 검찰 내 손꼽히는 특수통이다. 2016~2017년 서울중앙지 검 특수1부장 시절 국정농단 사건 수사 선봉에 서 박근혜 전 대통령을 직접 조사했다. 최서원 씨 딸 정유라 씨의 이화여대 입시·학사 특혜 사건, 면세점 특혜 의혹, 청와대 캐비닛 문건 사건 등 박근혜 정권의 비리 사건을 다수 담당했다.

이 검사장은 검찰 내 대표적인 '윤석열 사단'으로 꼽힌다. 한동훈 검사장과 함께 윤석열 당선인의 신임이 가장 두터운 후배 검사로, 윤 당선인이 검사 시절 개인적인 조언을 구 할 정도로 친밀한 사이로 알려져 있다.

이 검사장은 서울중앙지검 특수1부장과 수원지검 여주지청장을 지냈는데, 이는 윤 당선 인이 거친 보직이기도 하다.

그는 대검찰청에서 잔뼈가 굵다. 수사지원과장과 수사지휘과장 등 요직을 거쳤고, 2019년 7월 윤석열 총장이 취임하면서 기획조정부장에 발탁됐다. 윤 총장 시절 현 정 부와 검찰 개혁 관련 갈등이 커졌을 때 윤 총장 측 대응 논리를 만드는 핵심 브레인 역할 을 했다.

출 생 1969년 광주
학 력 중동고, 서울대 정치학과
경 력 사법연수원 27기, 서울중앙지검 특수1부장, 수원지검 여주지청장, 대검 기조부
　　　 장, 수원고검 차장검사, 제주지검장

이종석

헌법재판관

막역한 尹의 법원 인맥

사법연수원 15기를 수료하고 판사 생활을 시작했다.

인천지방법원 판사, 대전고등법원 부장판사, 서울고등법원 수석부장판사, 수원지방법원장을 지냈다. 2018년 자유한국당의 추천을 받아 헌법재판관에 임명됐다.

서울고법 수석부장판사 등을 거쳐 수원지법원장을 지낸 뒤 다시 서울고법 수석부장판사로 발탁될 만큼 재판 업무에 능하고 법리에 밝다는 평가를 받는다.

서울중앙지법 파산수석부장판사 재직 시절에는 유동성 악화로 빚더미에 오른 기업의 회생 절차를 간소화하고 시장 복귀를 돕는 '패스트트랙' 제도를 도입하는 등 법원 내에서 기업회생 전문가로 이름이 높았다. 윤석열 당선인과 서울대 법대 79학번 동기로 재학 시절 같은 반에서 지낸 막역한 사이다. 조용한 모범생 성격으로, 호탕한 윤 당선인과 성격이 다르지만 죽마고우처럼 어울려 지냈다.

1998년 러시아의 결혼·양육·입양 관련법을 연구한 학술논문 '러시아연방 가족법전'을 집필했고, 남북관계에 훈풍이 불기 시작한 김대중 전 대통령 시절 북한의 지식재산권 등을 연구한 논문 '북한저작물의 법적 보호'를 발표했다.

출 생 　1961년 경북 칠곡
학 력 　경북고, 서울대 법학과
경 력 　사법연수원 15기, 법원행정처 사법정책담당관, 서울중앙지법 부장판사, 서울고법 수석부장판사, 서울중앙지방법원 파산수석부장판사, 수원지방법원장, 헌법재판소 재판관

이철우

연세대 법학전문대학원 교수

초등학교 1학년 때부터 동문수학한 '죽마고우'

윤석열 당선인과 초등학교 시절부터 인연을 맺어온 죽마고우 사이다. 서울대 법대 79학번 동창이기도 하다. 윤 당선인이 2013년 '국가정보원 대선 개입' 의혹을 수사하며 항명 논란에 휩싸이고 징계를 받을 당시 이 교수가 특별 변호인으로 나서기도 했다. 이 교수의 아버지는 이종찬 전 국가정보원장으로 윤 당선인의 아버지인 윤기중 연세대 명예교수와 친분이 깊다. 이 교수는 윤석열 당시 후보 캠프의 정책자문그룹이자 중도 지지모임 '공정개혁포럼' 등 구성을 주도했다.

이 교수는 "어머니가 초등학교 1학년 때 덩치가 컸던 윤석열에게 '철우는 왜소하니 잘 보살펴 달라'며 사실상 나를 의탁했던 게 인연의 시작"이라면서 두 사람이 어려서부터 각자의 집에도 왕래가 잦았다고 언론 인터뷰에서 밝히기도 했다.

윤 당선인이 2019년 7월 검찰총장이 된 후 조국 당시 법무부 장관 후보자의 인사청문회를 앞두고 조국 가족 수사에 착수한 것을 두고 언쟁을 벌였다. 박근혜·이명박 전 대통령과 관련한 적폐수사를 할 때도 이 교수가 수차례 쓴소리를 하는 등 조언을 아끼지 않는 사이다.

출 생 1961년 서울
학 력 서울 대광초, 경기고, 서울대 법학과, 조지타운대 법학 석사, 런던정치경제대 법학 박사
경 력 한국외국어대 전임강사, 성균관대 법과대학 조교수·부교수, 연세대 법과대학 교수, 연세대 법학전문대학원 교수

정상명

변호사

'윤석열 검찰총장' 추천한 선배 검찰총장

노무현정부에서 검찰총장을 지냈고, 문재인정부에서 윤석열 당선인을 검찰총장 후보 중한 명으로 추천했다. 노무현정부 시절 법무부 차관, 대구고검장을 거쳐 검찰총장에까지올라 대구·경북(TK) 출신으로서 이례적으로 승승장구한 인물로 평가된다. 고 노무현전 대통령과 사법고시 17회 동기 8인회 멤버로 인연이 깊다. 검사로서 특수·공안 분야수사와 기획에서 탁월하다는 평가를 받았다. 1994년 대구지검 형사1부에서 검사 생활을 갓 시작한 윤 당선인과 부장검사와 부하검사로서 인연을 맺었다. 2006년 현대자동차 비자금 사건과 관련해 당시 정몽구 현대차 회장이 구속기소된 배경에는 대검찰청 중수부 연구관인 윤 당선인이 정상명 검찰총장을 면담해 구속을 주장했다는 일화가 유명하다. 2012년 윤 당선인 결혼식 주례를 맡기도 했다. 2019년 검찰총장추천위원장을 맡아 윤 당선인 등 4명을 검찰총장 후보로 추천했다. 윤 당선인이 정치 입문을 결심한 후에도 조언을 아끼지 않는 것으로 알려졌다.

출 생 1950년 경북 의성
학 력 대구 경북고, 서울대 법학과
경 력 법무부 차관, 대구고검장, 검찰총장, 영남대 법학전문대학원 석좌교수

주진우

변호사

文청와대 압수수색했다 좌천당한 검사

사법연수원 31기를 수료하고 검사 생활을 시작했다.

서울동부지검 형사6부장으로 환경부 블랙리스트 사건을 수사하며 문재인정부의 청와대를 압수수색했다가 안동지청장으로 좌천돼 옷을 벗었다.

압수수색 결과를 바탕으로 김은경 문재인정부 초대 환경부 장관과 신미숙 전 청와대 균형인사비서관을 직권남용 등 혐의로 기소했다. 이들은 2022년 대법원에서 실형을 확정받았다.

자유한국당이 고발한 청와대 특감반의 민간인 사찰 의혹 사건을 수사하면서도 문재인정부 청와대에 대한 최초의 압수수색을 진행했다. 문재인정부 청와대에 대한 두 차례의 압수수색을 모두 지휘한 셈.

2014년 8월 우병우 박근혜정부 청와대 민정수석실로 파견돼 행정관으로 근무하고 박근혜 전 대통령 탄핵 직전인 2017년 2월 검찰로 복귀했다.

사직 후 변호사로 활동하다 윤석열 후보 캠프에 합류했다. 캠프 내 검찰 출신 인맥인 '서초동팀'에 속해 법률 관련 업무를 총괄하고 윤석열 당선인과 관련한 입장이 나갈 때 게이트키퍼로 나서는 등 핵심 역할을 하고 있다.

출　생　1975년 경남 진주
학　력　대연고, 서울대 법학과
경　력　사법연수원 31기, 대구지검 검사, 서울중앙지검 검사, 청와대 민정수석실 행정관,
　　　　부산지검 동부지청 부부장, 서울동부지검 형사6부장

한동훈

검사

윤석열이 '독립투사'라고 칭한 자타 공인 '尹라인'

특수통 엘리트 검사 코스를 밟았다. 검사들이 선망하는 서울중앙지검에서 초임 발령을 받았고, 이후 법무부 · 대검찰청 · 서울중앙지검에서만 거의 근무했다.

2019년 7월 윤석열 검찰총장이 사실상 검사 인사권을 쥐고 있을 때 대검 반부패강력부장으로 영전하면서 역대 최연소 검사장으로 승진했다. 검찰 내 대표적인 '윤석열 라인'으로 평가받는 이유다. 이때 조국 일가 수사를 지휘하며 청와대에 '찍'힌다.

2020년 1월 추미애 법무부 장관 취임 이후 추 장관과 윤 총장 간 갈등(이른바 '추윤갈등')으로 부산고검 차장검사로 좌천됐다. 2020년 3월 채널A 사건에 휘말리며 법무연수원 연구위원, 사법연수원 부원장으로 잇달아 좌천됐다. 유례를 찾기 힘든 보복성 인사를 당했지만 감내했다. 윤석열 당선인이 한 인터뷰에서 그에 대해 "이 정권의 피해를 보고 거의 독립운동처럼 해온 사람"이라고 말하며 서울중앙지검장 임명 가능성을 암시했다.

출 생 1973년 서울
학 력 서울 현대고, 서울대 법과대학
경 력 대검 정책기획과 과장, 서울중앙지검 공정거래조사부 부장, 대검 부패범죄특별수사단 2팀장, 서울중앙지검 3차장검사, 대검 반부패강력부장, 부산고검 차장검사, 법무연수원 연구위원, 사법연수원 부원장

윤석열 시대 파워엘리트

초판 1쇄   2022년 3월 14일
2쇄   2022년 3월 17일

지은이   매일경제 · MBN 정치부
펴낸이   서정희
펴낸곳   매경출판㈜
등록   2003년 4월 24일(No. 2-3759)
주소   (04557) 서울시 중구 충무로 2(필동1가) 매일경제 별관 2층 매경출판㈜
편집문의   02)2000-2270
인쇄 · 제본   ㈜M-print   031)8071-0961

ISBN 979-11-6484-381-7(00340)

값 20000원